Bastian Thöle

Institutionen und Reformfähigkeit von Entwicklungsländern

Eine Analyse der Außenhandelspolitik in 133 Staaten mithilfe der Vetospielertheorie

Diplomica Verlag GmbH

Thöle, Bastian: Institutionen und Reformfähigkeit von Entwicklungsländern: Eine
Analyse der Außenhandelspolitik in 133 Staaten mithilfe der Vetospielertheorie.
Hamburg, Diplomica Verlag GmbH 2013

Buch-ISBN: 978-3-8428-8220-1
PDF-eBook-ISBN: 978-3-8428-3220-6
Druck/Herstellung: Diplomica® Verlag GmbH, Hamburg, 2013

Bibliografische Information der Deutschen Nationalbibliothek:
Die Deutsche Nationalbibliothek verzeichnet diese Publikation in der Deutschen
Nationalbibliografie; detaillierte bibliografische Daten sind im Internet über
http://dnb.d-nb.de abrufbar.

Das Werk einschließlich aller seiner Teile ist urheberrechtlich geschützt. Jede Verwertung außerhalb der Grenzen des Urheberrechtsgesetzes ist ohne Zustimmung des Verlages unzulässig und strafbar. Dies gilt insbesondere für Vervielfältigungen, Übersetzungen, Mikroverfilmungen und die Einspeicherung und Bearbeitung in elektronischen Systemen.

Die Wiedergabe von Gebrauchsnamen, Handelsnamen, Warenbezeichnungen usw. in diesem Werk berechtigt auch ohne besondere Kennzeichnung nicht zu der Annahme, dass solche Namen im Sinne der Warenzeichen- und Markenschutz-Gesetzgebung als frei zu betrachten wären und daher von jedermann benutzt werden dürften.

Die Informationen in diesem Werk wurden mit Sorgfalt erarbeitet. Dennoch können Fehler nicht vollständig ausgeschlossen werden und die Diplomica Verlag GmbH, die Autoren oder Übersetzer übernehmen keine juristische Verantwortung oder irgendeine Haftung für evtl. verbliebene fehlerhafte Angaben und deren Folgen.

Alle Rechte vorbehalten

© Diplomica Verlag GmbH
Hermannstal 119k, 22119 Hamburg
http://www.diplomica-verlag.de, Hamburg 2013
Printed in Germany

Inhaltsverzeichnis

1 Einleitung 1
   1.1 Relevanz der Fragestellung 3
   1.2 Konzeptionelle Überlegungen 7
   1.3 Daten 12
   1.4 Gliederung 12

2 Theorie 13
   2.1 Die Vetospielertheorie 13
      2.1.1 Individuelle und kollektive Vetospieler 19
      2.1.2 Institutionelle und parteiliche Vetospieler 23
      2.1.3 Zusätzliche Vetospieler 27
      2.1.4 Die Judikative als Vetospieler 30
      2.1.5 Vetospieler in autokratischen Regierungssystemen 33
      2.1.6 Policy-Stabilität 35
      2.1.7 Die Logik der Vetospielertheorie 37
   2.2 Vier Einflussfaktoren der Policy-Stabilität 40
      2.2.1 Die Position des Status Quo 40
      2.2.2 Anzahl der Vetospieler 42
          2.2.2.1 Die Absorptionsregel 43
      2.2.3 Ideologische Distanz von Vetospielern 45
      2.2.4 Interne Kohäsion kollektiver Vetospieler 47
   2.3 Alternative Ansätze zur Analyse von Vetostrukturen 50
   2.4 Kritik an der Vetospielertheorie 53

3 Das Politikfeld 56
   3.1 Traditionelle Determinanten der Außenwirtschaftspolitik 56

4 Die Hypothesen 58

5 Forschungsdesign 61
   5.1 Fallauswahl 61
   5.2 Operationalisierung 63
      5.2.1 Vetospieler 63
          5.2.1.1 Der *Index of Political Constraints* von Witold J. Henisz 63
          5.2.1.2 CHECKS von Beck et al. 68

5.2.1.3 POLARIZ von Beck et al. 70
    5.2.2   Die abhängige Variable 72
        5.2.2.1 Außenhandelsquote 73
        5.2.2.2 Außenhandelsregulierung 75
    5.2.3   Kontrollvariablen 78
        5.2.3.1 Ausgangsniveau 79
        5.2.3.2 Sozioökonomischer Druck 79
            5.2.3.2.1 Arbeitslosigkeit 79
            5.2.3.2.2 Wirtschaftswachstum 80
            5.2.3.2.3 Inflation 80
        5.2.3.3 Bruttoinlandsprodukt 81
        5.2.3.4 Kredite multilateraler Geberorganisationen 82
        5.2.3.5 Mitgliedschaft in globalen und regionalen Handelsorganisationen 82
        5.2.3.6 Fixed Effects 83
    5.3   METHODE 83

6   Empirische Befunde 85

    6.1   DESKRIPTIVE DARSTELLUNG 85
    6.2   BIVARIATE ANALYSE 86
    6.3   MULTIVARIATE ANALYSE 88
        6.3.1   Überprüfung der Hypothese H1 89
        6.3.2   Überprüfung der Hypothese H2 97
        6.3.3   Heteroskedastizität 101

7   Interpretation der Ergebnisse 103

8   Schluss 105

Anhang I

Literaturverzeichnis IX

Abbildungs- und Tabellenverzeichnis

Abbildung 1: Logik der Vetospielertheorie 40
Abbildung 2: Hinzufügen eines Vetospielers 43
Abbildung 3: Ideologische Distanz zwischen Vetospielern 47

Tabelle 1: Bivariate Korrelationsmatrix 87
Tabelle 2: POLCONIII/Außenhandelsquote (Lineare Regression) 90
Tabelle 3: CHECKS/Außenhandelsquote (Lineare Regression) 92
Tabelle 4: POLCONIII/Außenhandelsregulierung (Lineare Regression) 94
Tabelle 5: CHECKS/Außenhandelsregulierung (Lineare Regression) 95
Tabelle 6: POLARIZ/Außenhandelsquote (Lineare Regression) 98
Tabelle 7: POLARIZ/Außenhandelsregulierung (Lineare Regression) 100
Tabelle 8: Ländersample der Analyse I
Tabelle 9: POLCONV/Außenhandelsquote (Lineare Regression) III
Tabelle 10: POLCONV/Außenhandelsregulierung (Lineare Regression) IV

1 Einleitung

„Die Globalisierung ist für unsere Volkswirtschaften das, was für die Physik die Schwerkraft ist. Man kann nicht für oder gegen das Gesetz der Schwerkraft sein - man muß damit leben. Die Globalisierung ist nicht aufzuhalten, sie ist ein Fakt." - Alain Minc, franz. Ökonom[1]

Die Globalisierung der Weltwirtschaft ist ein Fakt, mit dem spätestens seit der *„new wave of globalization"* (Collier/David 2002: S.31) auch Entwicklungs- und Schwellenländer leben müssen. Wie sie dies tun, hängt entscheidend von ihrer Fähigkeit ab, auf Potentiale, Risiken und Ungleichgewichte von Angebot und Nachfrage mit Reformprozessen in der Außenwirtschaftspolitik reagieren zu können. Denn die mit der Globalisierung rapide ansteigenden Geschwindigkeiten des Austauschs von Waren und Dienstleistungen stellen grundsätzlich neue Anforderungen an nationale Außenwirtschaftspolitik. An Börsenplätzen von Hong Kong bis Chicago wechseln Weizen, Kaffee, Kohle oder Baumwolle innerhalb von Sekunden den Besitzer. Schwankende Wechselkurse, nationale und Weltmarktpreise verändern kontinuierlich Richtung und Ausmaß globaler Handelsströme. Politik, die versucht, mit der Geschwindigkeit dieser Entwicklungen Schritt zu halten, muss flexibel sein. Komparative Kostenvorteile können durch eine liberale Außenwirtschaftspolitik genutzt, internationalem Konkurrenzdruck für die heimische Industrie kann mit einer regulierenden Außenhandelspolitik Einhalt geboten werden. Kurzum: Policy-Flexibilität ist ein zunehmend wichtiger Faktor im global geführten Wohlstandswettlauf.

Gleichzeitig konkurrieren Staaten als Produktionsstandorte im integrierten Weltwirtschaftssystem um die Gunst multinationaler Unternehmen. Politische Stabilität und Rechtssicherheit sind dabei Kernbestandteile wirtschaftlicher Investitionsentscheidungen. Eine stabile Außenwirtschaftspolitik kann für Vertrauen bei in- und ausländischen Investoren sorgen und den Wohlstand eines Staates mehren. Das *credible commitment* einer Regierung zu hoher Policy-Stabilität kann ein entscheidender Vorteil im globalen Standortwettbewerb sein. Kurzum: Auch Policy-Stabilität spielt für die Außenwirtschaftspolitik unter Globalisierungsbedingungen eine bedeutende Rolle.

---

[1] Quelle: http://www.zeit.de/1998/33/Gluecksfall_Euro (12.01.2012)

Doch ist die Bedeutung von Policy-Stabilität und der Fähigkeit zu politischem Wandel in der Außenwirtschaftspolitik für Entwicklungsländer noch viel größer, da ihr wirtschaftlicher Aufschwung stark vom Kapital und Vertrauen ausländischer Investoren abhängt, während sie gleichzeitig flexibel auf Risiken und Potentiale für die weitere Entwicklung ihrer noch jungen Volkswirtschaften reagieren müssen[2]. Eine stabile oder flexible Außenwirtschaftspolitik kann abhängig vom Kontext und der Perspektive des Betrachters gut oder schlecht sein. In jedem Fall ist die „*Steuerungsfähigkeit des politischen Systems*" (Strohmeier 2003: S.19) eine Kernkomponente effizienter Außenwirtschaftspolitik im Globalisierungszeitalter des 21. Jahrhunderts.

Die Fähigkeit der Regierungen, ihre Außenwirtschafspolitiken zu reformieren, wird maßgeblich bestimmt durch die politischen Institutionen der nationalen Entscheidungsarena. Die Ausgestaltung von Parteien-, Regierungs- und Wahlsystem entscheidet über die Struktur gesetzgeberischer Entscheidungsprozesse. Doch unterscheiden sich diese Ausgestaltungen in der Gesamtbetrachtung der Entwicklungs- und Schwellenländer deutlich. Autokratische Regime stehen präsidentiell oder parlamentarisch verfassten Demokratien gegenüber. Einige Staaten verfügen über unabhängige Verfassungsgerichte, andere nicht. Manche Staaten sind durch ein polarisiertes Mehr-Parteien-System geprägt, während sich in anderen Ländern keine Partei dem demokratischen Wettbewerb stellt.

Eine Chance, nationale Reformfähigkeit in der Außenwirtschaftspolitik trotz von Staat zu Staat höchst unterschiedlicher institutioneller Kontexte in einem kohärenten Konstrukt zu systematisieren, bietet die Vetospielertheorie von George Tsebelis (1995; 2000; 2002).

---

[2] Entwicklungs- und Schwellenländer im Sinne der vorliegenden Analyse sind zunächst einmal alle Staaten mit einem Bruttonationaleinkommen von weniger als $10.065 pro Kopf/Jahr (2004), die im Jahr 2006 - also ein Jahr nach Ende des Untersuchungszeitraums 1990 bis 2005 - auf der Liste des Entwicklungshilfeausschusses (des sogenannte *Development Assistance Committee* – kurz: DAC) der OECD stehen. Entwicklungshilfe an diese Staaten kann auf die vertraglich zugesagte und international verbindliche Quote an öffentlich finanzierter Entwicklungshilfe (die sogenannte *Official Development Assistance Quota* – kurz: ODA-Quote) eines Mitgliedslandes des OECD-Entwicklungshilfeausschusses (nicht alle Mitglieder der OECD sind gleichzeitig Mitglieder im Entwicklungshilfeausschuss der OECD) angerechnet werden. Ausführlicher http://www.oecd.org/document/1/0,3746,en_2649_33721_46662849_1_1_1_1,00.html (18.10.2011). Für einen Überblick des Ländersamples vgl. die Tabelle 8 im Anhang.

1.1 Relevanz der Fragestellung

Die Vetospielertheorie von George Tsebelis ist nach politikwissenschaftlichen Standards eine *„good theory"* (Hallerberg 2010: S.21). Sie ist *„parsimonious, [...] testable, and [...] travels well"* (Hallerberg 2010: S.21).

In der Tat ist die Vetospielertheorie gut gereist, konnte sie doch trotz ihrer theoriehistorischen Frische – es gibt sie in der Form von Tsebelis erst seit Mitte der 1990er Jahre – für Reformprozesse in vielen Politikfeldern parlamentarischer wie präsidentieller Systeme Westeuropas und Nordamerikas angewandt werden. Hallerberg/Basinger untersuchen die Steuersenkungspolitik der OECD-Staaten in den späten 1980er Jahren und kommen zum Ergebnis, dass die von ihnen als Dummy-Variable (ein beziehungsweise zwei und mehr Vetospieler) operationalisierten Vetospieler eine große Erklärungskraft aufweisen und ihr Effekt durchweg konsistent ist (Hallerberg/Basinger 1998). Tsebelis/Chang untersuchen Budgetstrukturen der Staatshaushalte von 19 entwickelten Industrienationen zwischen 1973 und 1995 und finden einen starken Vetospielereffekt auf Veränderungen der Budgetstruktur (Tsebelis/Chang 2004). Regierungen in Staaten mit vielen Vetospielern fällt es per se schwerer, ihren Haushalt strukturell zu verändern, als Regierungen in Systemen mit wenigen Vetospielern. Überhaupt wurde die empirische Relevanz der Theorie vor allem anhand von Politikfeldern in entwickelten westlichen Demokratien überprüft. Tsebelis selbst untersucht die Arbeitsmarktpolitik 15 entwickelter Demokratien Westeuropas zwischen 1981 und 1991 und findet einen Vetospielereffekt in theoretisch zu erwartender Richtung (Tsebelis 1999). Ebenso Michael Becher, der die Agendakontrolle innerhalb von Regierungen am Beispiel der Arbeitsmarktpolitik von 20 OECD-Staaten zwischen 1973 und 2000 mithilfe der Vetospielertheorie untersucht (Becher 2010). Wolfgang Merkel prüft die Erklärungskraft der Vetospielertheorie qualitativ anhand dreier Fallstudien, nämlich der Steuer-, der Renten- sowie der - ausgebliebenen - Reform des Arbeitsmarktes der rot-grünen Bundesregierung zwischen 1998 und 2002 (Merkel 2003). Uwe Wagschal analysiert Steuerreformen in 23 OECD-Staaten zwischen 1980 und 1997 mithilfe der Vetospielertheorie (Wagschal 2009).

Weit weniger wurde die empirische Relevanz der Theorie von George Tsebelis – trotz ihres generalistischen Anspruchs – für Politikfelder im Rest der Welt, den Entwicklungs- und Schwellenländern, getestet (Hallerberg 2010: S:29; 33). Dies mag mit dem vorherrschenden Misstrauen in die Stabilität und das Funktionieren der institutionellen Gegebenheiten der genannten Staatengruppe zusammenhängen (Simons-Kaufmann 2003: S.55 ff.). Regierungen und ganze Regime wechseln häufig durch Putsch, Entscheidungsprozesse sind oft - besonders in Autokratien - wenig transparent. Staatsgewalt wird nicht in den von der Verfassung vorgegebenen Bahnen und Grenzen ausgeübt. Judikative und Bürokratie funktionieren – euphemistisch formuliert – nicht effizient, die Rechtssicherheit ist häufig mangelhaft.

Doch gibt es vielversprechende Policy-Analysen, die die Erklärungskraft von politischen Institutionen für Unterschiede in der Staatstätigkeit von Entwicklungsländern - oder zumindest unter Einbezug dieser – untersuchen. Thomas Oatley stellt einen statistischen Zusammenhang zwischen dem Regimetyp eines Entwicklungslandes und dessen Auslandsverschuldung fest. Autokratische Regime verschulden sich im Verhältnis zum Nationaleinkommen relativ stärker im Ausland als demokratische Regime (Oatley 2010). Przeworski et al. vergleichen wirtschaftliche Leistungen von Entwicklungsländern und stellen fest, dass autokratische Regime nicht per se schlechtere Resultate abliefern als demokratische (Przeworski et al. 2000). Christian Martin untersucht die regulative Ausgestaltung der Außenwirtschaftspolitik von demokratisch sowie autokratisch verfassten Entwicklungsländern und kommt zum Schluss, dass das Regulierungsinstrument der Quote gegenüber Zollbeschränkungen mit zunehmender Demokratisierung an Attraktivität verliert (Martin 2004).

Auch die Vetospielertheorie selbst wurde schon für Policy-Analysen jenseits der OECD-Welt operationalisiert. Cunningham untersucht in einem eher ungewöhnlichen Artikel die Korrelation zwischen der Dauer von Bürgerkriegen und der Anzahl an Vetospielern, die einer Lösung der Konflikte zustimmen müssten (Cunningham 2006). Henisz/Mansfield untersuchen in einem der vorliegenden Analyse ähnlicheren Forschungsdesign die Außenwirtschaftspolitik von 60 Staaten – unter Einschluss von Entwicklungsländern – zwischen 1980 und 2000 und stellen einen intervenierenden Effekt der Vetospielerkonstellation zwischen makroökonomischen Krisenindikatoren – vor allem Arbeitslosigkeit – und Änderungen der Außenwirtschaftspolitik eines Staates fest (Henisz/Mansfield 2006)[3]. Stephen Weymouth analysiert Policy-Stabilität im Bereich Eigentumsrechte am Beispiel der Wertstabilität nationaler Währungen in 127 Staaten von 1975 bis 2004 mithilfe der Vetospielertheorie. Er findet einen Vetospieleref-

---

[3] Die vorliegende Studie geht insofern über die Analyse von Henisz/Mansfield hinaus, als sie ein anderes, größeres Ländersample in einem anderen Zeitraum mit anderen Operationalisierungen und anderen statistischen Methoden untersucht. Die Analyse löst das von Henisz/Mansfield festgestellte Problem der Operationalisierung von Änderungen der Außenwirtschaftspolitik mithilfe von Änderungen der Importquote eines Staates und kommt so Tsebelis' theoretischer Änderung des legislativen Status Quo deutlich näher (Henisz/Mansfield 2006: S.194).

fekt in theoretisch erwarteter Richtung (Weymouth 2011). Frye/Mansfield untersuchen die außenwirtschaftliche Orientierung post-kommunistischer Staaten nach dem Zusammenbruch der UdSSR und kommen zum kontraintuitiven Schluss, dass eine Reform der Außenwirtschaftspolitik gerade mit zunehmender Anzahl an Vetospielern wahrscheinlicher wird (Frye/Mansfield 2003)[4]. Ein interessantes Beispiel für die Anschlussfähigkeit von Tsebelis' Theorie ist die Analyse von Wolfgang Muno, die Reformpolitiken in Argentinien, Uruguay und Thailand mithilfe einer Kombination aus Vetospielertheorie und dem *Advocacy-Coalition-Framework* von Sabatier und Jenkins-Smith zu erklären versucht (Muno 2005)[5].

Angesichts der Vetospieleranalysen und ihrer Ergebnisse für Entscheidungsprozesse in Entwicklungsländern kommen König und Debus zum Schluss, dass *„work on developing [...] countries is encouraging"* (König/Debus 2010: S.274). Doch bemerkt Hallerberg – im gleichen Sammelband - im Vergleich zur großen Anzahl von Studien für den demokratisch und wirtschaftlich weiter entwickelten Teil der Erde, dass *„the relative paucity of work outside of the developed world has [...] to do [...] with the fact that the theory is yet to be tested"* (Hallerberg 2010: S.39). Und weiter: *„There is so much more that can be, and should be, done in the future"* (Hallerberg 2010: S.39).

Die vorliegende Studie möchte dem Wunsch Hallerbergs nachgehen und die Hypothesen der Vetospielertheorie von George Tsebelis auf den sogenannten globalen Süden anwenden. Sie unternimmt den Versuch, die von Hallerberg formulierte Forschungslücke zu schmälern und die Reichweite der Theorie von George Tsebelis abzustecken, indem sie dessen Erklärungskraft fernab der entwickelten Welt testet. Die Studie soll die postulierte generelle Anwendbarkeit und große Erklärungskraft der Theorie einer kritischen Prüfung unterziehen, sowohl im Hinblick auf die zu untersuchende Staatengruppe wie auch im Hinblick auf das zu untersuchende Politikfeld. Denn die Außenwirtschaftspolitik der Entwicklungs- und Schwellenländer seit dem Ende des Kalten Krieges ist *„ein für das theoretische Modell ‚harter' Fall"* (Zohlnhöfer 2009: S.51) in zweifacher Form. Erstens bezogen auf das Ländersample, da insti-

---

[4] Auch wenn die Autoren nicht direkt von Vetospielern sprechen sondern lediglich von *„institutional or partisan constraints"* (Frye/Mansfield 2003: S.643) oder *„actors that can block policy change"* (Frye/Mansfield 2003: S.643), kommen Frye/Mansfield mit ihrer dann folgenden Operationalisierung Tsebelis' Vetospielern sehr nahe.

[5] Das *Advocacy-Coalition-Framework* von Sabatier und Jenkins-Smith ist nicht Teil der vorliegenden Analyse und soll nicht weiter erläutert werden. Zur Erläuterung vgl. Sabatier/Jenkins-Smith 1993 sowie Sabatier 1993.

tutionelle Variablen in Entwicklungs- und Schwellenländern aufgrund häufig mangelnder Rechtssicherheit, ständiger Putschgefahr sowie oft intransparenten Entscheidungsprozessen keine große Erklärungskraft erwarten lassen. Zweitens bezogen auf das Politikfeld, die Außenwirtschaftspolitik. Außenwirtschaftspolitik ist direkt von Globalisierungseinflüssen betroffen, sie steht im Zentrum des Globalisierungsdiskurses. Globale Waren- und Kapitalströme, multinationale Unternehmen mit immer mobileren Produktionsstandorten und Absatzmärkten auf der ganzen Welt sowie ein informationstechnisch nahezu komplett vernetzter Globus führen dazu, dass sowohl die nationale Außenwirtschaftspolitik als auch die gesamte nationale Wirtschaftspolitik einem Imperativ von Wettbewerb und Deregulierung ausgesetzt scheinen. Nationalstaaten können sich eine Regulierung oder gar Abschottung ihrer Märkte nicht leisten, da ihre *„Regierungen mit günstigen Standortbedingungen um Investitionen konkurrieren"* (Zohlnhöfer 2005: S.42) und bei Regulierung die *„Abwanderung von Produktion und Arbeitsplätzen drohe"* (Zohlnhöfer 2005: S.42). Im Extremfall würde der durch Globalisierung ausgelöste Standortwettbewerb zur Triebfeder eines Liberalisierungsdrucks, der sich unabhängig nationaler Willensbildungsprozesse quasi automatisch in Deregulierungspolitik übersetzt. In einer solchen – von Globalisierungstheoretikern wie Scharpf vorgebrachten – Automatismusvorstellung ist für politisch-institutionalistische Einflussgrößen nationaler Herkunft wenig Platz.

Insgesamt darf die Erklärungskraft politisch-institutionalistischer Variablen sowohl in Anbetracht des Ländersamples wie auch des Politikfeldes zu diesem Zeitpunkt der Analyse als gering erwartet werden. Gleichzeitig bedeutet der Test von Tsebelis' Vetospielertheorie an einem solch harten Fall aber auch, dass *„die Überzeugungskraft des Modells wächst, wenn seine Prognosen in einem Feld Bestand haben, wo dies nicht von vornherein zu erwarten war"* (Zohlnhöfer 2009: S.51). Das Ergebnis der vorliegenden Studie ist folglich von großer Relevanz für den politikwissenschaftlichen Theoriendiskurs. Sollte sich Tsebelis' Theorie auch unter solch widrigen Bedingungen erklärungskräftig zeigen, ist das Vertrauen in und die Bedeutung von Tsebelis' Vetospieler(-n) zur Erklärung von Staatstätigkeit deutlich gesteigert. Die empirischen Ergebnisse würden – gemäß den fünf Stufen der Erkenntnissicherheit (Schulze 2006: S.64) – zur Bestätigung der theoretischen Prämissen führen. Die für probabilistische Sozialwissenschaften unerreichbaren Erkenntnissicherheiten von Falsifikation oder Verifikation außer Acht gelassen, ist eine Bestätigung der theoretischen Prämissen die höchste in der Politikwissenschaft zu erreichende Stufe der Erkenntnissicherheit. Doch auch wenn die empirischen Ergebnisse den theoretischen Erwartungen widersprechen, ist die Analyse für den politikwissenschaftlichen Diskurs über Güte und Reichweite der Theorie von George Tsebelis relevant. In diesem Fall besteht der Erkenntnisgewinn aus begründetem Zweifel an den theoretischen Prämissen. In jedem Fall aber bedeuten die Ergebnisse der vorliegenden Analyse einen Erkenntnisgewinn für die politikwissenschaftliche Theoriebildung.

Neben der Relevanz für die politikwissenschaftliche Theoriebildung und Forschung hat die Analyse von Reformprozessen in Entwicklungs- und Schwellenländern mithilfe des Vetospielertheorems auch praxisrelevanten Nutzen außerhalb der Wissenschaft. Denn sollte sich die Vetospielertheorie als bedeutend erklärungskräftig für den Willensbildungsprozess in Entwicklungs- und Schwellenländern erweisen, erhielte die oftmals wenig theoriegeleitete Betrachtung politischer Prozesse in diesen Staaten eine einheitliche Systematik, eine gemeinsame theoretische Basis. Dies gilt in besonderem Maße für die Betrachtung autokratischer Systeme, über deren Staatstätigkeit bislang wenig Systematisches zu finden ist[6]. Von praktischer Relevanz dürfte dies für all diejenigen sein, die ein Interesse an Flexibilität und/oder Stabilität von legislativen Stati Quo in Entwicklungs- und Schwellenländern haben. In Bezug auf die Zielgruppe der Untersuchungen von Henisz (2000a; 2000b; 2002) oder MacIntyre (2001) sind dies zunächst einmal Investoren, die ein Interesse am Erhalt oder der Änderung des gesetzgeberischen Status Quo für beispielsweise Eigentumsrechte haben. Aber zu denken ist auch an Mitarbeiter von Organisationen der Entwicklungszusammenarbeit, deren Ziel es ist, einen Status Quo, zum Beispiel im Bereich Menschenrechte, zu festigen oder zu ändern.

1.2 Konzeptionelle Überlegungen

Die ländervergleichende Staatstätigkeitsforschung möchte Varianzen in der Regierungspolitik vornehmlich westlich entwickelter Demokratien der OECD-Welt erklären. Hierzu dient in den allermeisten Untersuchungen ein quantitativer Zugriff mittels multivariater Regressionsanalyse zur Erfassung möglichst vieler unabhängiger Variablen der unterschiedlichen Theorieschulen (s. Kapitel 2) unter Berücksichtigung politikfeldspezifischer Kontrollvariablen. Qualitative Methoden sind seltener, bleiben jedoch nicht unberücksichtigt (Zohlnhöfer 2008a: S.157; 164 f.).

---

[6] Ausnahmen sind zum Beispiel die vom Autor genannten Untersuchungen von Oatley 2010; Przeworski et al. 2000; Henisz/Mansfield 2006.

Die vorliegende Analyse unterscheidet sich insofern von diesem traditionellen Forschungsdesign, als sie ein kleineres Angebot an Theorie – die Vetospielertheorie – an einer größeren Anzahl von Fällen – 133 Staaten – jenseits der OECD-Welt – den Entwicklungs- und Schwellenländern - überprüft. Die Analyse folgt dem klassisch quantitativen Modell der empirischen Überprüfung deduktiv formulierter Hypothesen, indem die Erklärungskraft der kausal formulierten Hypothesen von George Tsebelis anhand einer großen Fallzahl und dem Einsatz multivariater Statistik überprüft werden. Die Stärke eines solchen variablenorientierten quantitativen Vorgehens liegt darin, *„dass wir generalisierbare Aussagen über einen Ursache-Wirkungs-Zusammenhang gewinnen können"* (Obinger 2009: S.232). Aufgrund des hohen Abstraktionsniveaus numerischer Verfahren wie der Regressionsanalyse gelingt es, die von Tsebelis' Vetospielertheorie postulierten Ursache-Wirkungs-Zusammenhänge hinsichtlich ihrer Güte einer empirischen Überprüfung mit großer Fallzahl zu unterziehen. Kurzum, die Regressionsanalyse *„ermöglicht [...] die empirische Überprüfung von Theorien"* (Obinger 2009: S.232).

Quantitative Vorgehen sind in der ländervergleichenden Staatstätigkeitsforschung jedoch auch mit Problemen behaftet, von denen in Anlehnung an Obinger drei in Bezug auf ihre Relevanz für die vorliegende Analyse kurz diskutiert werden sollen (vgl. Obinger 2009: S.232 ff.).

Das erste Problem quantitativer Analysen betrifft die Fallzahl. So liegt klassischen Analysen der ländervergleichenden Staatstätigkeitsforschung meist wie erwähnt das Ländersample hoch entwickelter Demokratien der OECD-Welt zugrunde. Dieses Sample ist jedoch – im Vergleich zur großen Zahl von Staaten außerhalb der OECD – relativ klein und *„naturgemäß begrenzt"* (Obinger 2009: S.232). Gleichzeitig integriert die Staatstätigkeitsforschung – bedingt durch das große Angebot an Theorien (s. Kapitel 2) sowie das betrachtete Politikfeld – meist eine große Anzahl unabhängiger Variablen zur Erklärung unterschiedlicher Policies. Das Problem kleiner Fallzahlen und vieler unabhängiger Variablen, das *„small-N Problem"* (Obinger 2009: S.232), führt dazu, dass einzelne Staaten und damit auch mögliche statistische Ausreißer einen großen Einfluss auf die Ergebnisse haben. Dies erhöht die Gefahr statistischer Verzerrungen. Im Extremfall kann die Kombination kleiner Fallzahlen und vieler unabhängiger Variablen so ausgeprägt sein, dass die Anzahl an Variablen die Fallzahl übersteigt. In einem solchen Fall ist es nicht mehr möglich, kausale Inferenzen zu untersuchen. Mit einer (maximalen) Fallzahl von N= 2128 bei gleichzeitiger Betrachtung von (jeweils) 30 unabhängigen Variablen ist das Problem kleiner Fallzahlen im Kontext der vorliegenden Analyse jedoch nicht virulent.

Zweitens müssen sich quantitative Analysen der ländervergleichenden Staatstätigkeitsforschung aufgrund ihres hohen Abstraktionsniveaus – ihrer eigentlichen Stärke – auch Problemen jenseits kleiner Fallzahlen stellen. Eines davon ist das sogenannte *„Black Box Problem"* (Obinger 2009: S.233). Ein häufiger Vorwurf lautet, quantitative Analysen könnten zwar Kausaleffekte zwischen unabhängigen und abhängigen Variablen mithilfe von Regressionsanalysen identifizieren, nicht aber den dazugehörigen Kausalmechanismus. Diesem Vorwurf begegnet die quantitative Forschung in jüngerer Vergangenheit häufig mit verhaltensbasierten Modellen, die der Untersuchung von Makrozusammenhängen eine Mikrofundierung voranstellen. In der Folge werden die Implikationen des Modells mithilfe von Makrodaten empirisch getestet. Tsebelis' Theorie ist mit ihrem Fokus auf das präferenzgesteuerte Handeln von Vetospielern ein Paradebeispiel verhaltensbasierter Modelle (Jahn 2010: S.65). Sie soll als Mikrofundierung der vorliegenden Analyse dienen, dessen Implikationen in der Folge durch Makrozusammenhänge empirisch überprüft werden.

Aufgrund der Abstraktion quantitativ ländervergleichender Analysen ist drittens oft – rekurrierend auf eine methodische Kritik des Anthropologen Sir Francis Galton an einer Studie seines Kollegen Edward E. Tylor (Jahn 2006: S.409 f.) - vom sogenannte *„Galton-Problem"* (Obinger 2009: S.233) die Rede. Demzufolge agieren Staaten bei der Verabschiedung ihrer Policies nicht unabhängig voneinander, sondern interdependent. Regierungen reagieren mit ihren Policies auf Staatstätigkeit in anderen Ländern. Der Grundidee von Policy-Transfer und –Diffusion entsprechend lassen sich nationale Policies und auch Änderungen derselben durch Policies in anderen Staaten erklären[7]. Die Regressionsanalyse *„setzt jedoch die Unabhängigkeit der Untersuchungsobjekte voraus"* (Obinger 2009: S.234). Im vorliegenden Politikfeld würde also zum Beispiel ein Staat X auf eine Änderung der Außenhandelsregulierung in Staat Y mit einer Änderung des Status Quo seinerseits reagieren. Durch die Regressionsanalyse bliebe dieser Einfluss unbeachtet. Der Einwand gilt für die vorliegende Analyse allerdings noch in viel stärkerem Ausmaß, als die Untersuchung nicht nur länderübergreifend sondern auch über Zeitpunkte hinweg vergleicht. Untersuchungsobjekte sind also nicht bloß Staaten im Querschnitt sondern Staaten im Quer- und Längsschnitt. Dass die Policy eines Staates X

---

[7] Zu Policy-Transfer und –Diffusion u.a. Dolowitz/Marsh 2000.

zum Zeitpunkt t+1 allerdings unabhängig von der Policy desselben Staates zum Zeitpunkt t ist, erscheint vor dem Hintergrund von Pfadabhängigkeit und Politikerbe unplausibel. Für diesen Einwand wie für den Großteil der Kritik an quantitativen Verfahren gilt jedoch, *„dass solche Interaktionen [...] explizit modelliert [...] werden können"* (Obinger 2009: S.234). In der vorliegenden Analyse werden Ausgangsniveaus der Außenhandelsquote und –regulierung als Kontrollvariablen in die Analyse einbezogen, um mögliche Schätzfehler durch die Interaktion von Ausgangsniveau und Veränderungsrate innerhalb eines Staates zwischen verschiedenen Zeitpunkten zu verringern. Zudem kontrollieren die Regressionen für Regionendummies, um regionale Effekte wie die Interaktion von Policy-Änderungen zwischen Nachbarstaaten einzubeziehen[8].

Zentrale Abgrenzungsmerkmale zwischen den beschriebenen quantitativen Methoden und ihrem traditionellen Gegenüber, der qualitativen Forschung, sind der Grad an konzeptueller Abstraktion und die Fallzahl der Analyse (Landman 2000: S.22 f.). Qualitative Methoden konzentrieren sich im Unterschied zum Forschungsdesign der vorliegenden Studie auf die Analyse einiger weniger Länder oder signifikanter historischer Ereignisse. Ihre Befunde stützen sich im Unterschied zu den statistischen Verfahren quantitativer Analysen auf ausführliche nicht-numerische Informationen und spezifische Konzepte mit einem hohen Maß an Kontextualisierung. Sie sind anders als quantitative Methoden aufgrund der oft geringen Fallzahl nicht auf ein hohes Maß an Abstraktion angewiesen. Eine solche Kontextualisierung der Messung kann für die skizzierten *black-box-* oder *Galton-Probleme* nur hilfreich sein. Im gleichen Moment bedeutet sie aber auch, dass die Ergebnisse qualitativer Studien in der Regel nicht auf andere Zusammenhänge übertragbar sind (Bäck/Dumont 2007: S.470)[9]. Kurz: Bei der Wahl quantitativer und qualitativer Methoden besteht ein Zielkonflikt zwischen *„knowing more about less and knowing less about more"* (Gerring 2004: S.348).

Der Bedeutung qualitativer Methoden für die Staatstätigkeitsforschung soll nicht widersprochen werden. Auch soll die Entscheidung für quantitative Methoden nicht als generelle Ab-

---

[8] Der Lösung von „*Galton's problem*" (Jahn 2006: S.410) würde eher eine Variable entsprechen, die explizit Änderungen von Außenhandelsquote und –regulierung in Nachbarländern und/oder wichtigen Handelspartnern des Staates X zum Zeitpunkt t zur Erklärung von Änderungen des Status Quo in Staat X zum Zeitpunkt t+1 misst. Die vorliegende Analyse nutzt für die Erfassung jeglicher *fixed effects* – ähnlich Henisz/Mansfield 2006 – jedoch regions- und zeitraumspezifische Dummy-Variablen.

[9] Zur ausführlicheren Darstellung qualitativer Methoden vgl. Devine 1995: S.137 ff.; Für quantitative Methoden auch Miller 1995: S.154 ff..

lehnung qualitativer Methoden oder Parteinahme im „‚Methodenkrieg'" (Kritzinger/ Michalowitz 2009: S.249) verstanden werden. Dennoch sollen beziehungsweise können qualitative Methoden aufgrund der enormen Fallzahl in der vorliegenden Analyse nicht angewandt werden. In der Untersuchung soll zunächst einmal die Erklärungskraft der Vetospielertheorie für die Außenwirtschaftspolitik von Entwicklungs- und Schwellenländern quantitativ anhand eines großen Samples überprüfen. In einem zweiten Schritt können qualitative Studien helfen, die eventuell festgestellten kausalen Effekte mithilfe von durch Fallstudien und *process-tracing* ergründeten Kausalmechanismen zu überprüfen. Dieser Schritt kann angesichts der großen Fallzahl jedoch nicht Teil der vorliegenden Studie sein[10].

Neben der Wahl von quantitativ-statistischen Methoden zur Analyse einer großen Fallzahl ist für das Forschungsdesign die Konzentration auf nur eine Theorie zur Erklärung von Staatstätigkeit von entscheidender Bedeutung. Diese Konzentration führt dazu, dass das Forschungsdesign der vorliegenden Analyse – im Unterschied zu klassischen Analysen der Staatstätigkeitsforschung - nicht primär auf eine möglichst hohe Erklärung der Varianz von Reformprozessen in der Außenwirtschaftspolitik von Entwicklungs- und Schwellenländern zielt. Die Analyse möchte vielmehr die Erklärungskraft der Vetospielertheorie für Reformprozesse in der Außenwirtschaftspolitik der 133 Staaten im Ländersample empirisch möglichst genau abbilden. Es soll festgestellt werden, inwiefern Unterschiede in der Staatstätigkeit auf institutionelle Variablen – genauer: Vetospieler – zurückzuführen sind. Ziel der Untersuchung ist nicht die maximale Erhöhung des R^2 zur Erklärung der Varianz der abhängigen Variable Y, sondern die möglichst genaue Messung der Erklärungskraft der unabhängigen Variable X. Das Forschungsdesign ist also in der auf Ganghof zurückgehenden Terminologie X-zentriert[11].

Ragin unterscheidet fallorientierte von variablenorientierten Forschungsansätzen (Ragin 1987: S.34 ff.; S.53 ff.). Die vorliegende Analyse ist vornehmlich variablenorientiert, da sie

---

[10] Einzelfallstudien für eine Stichprobe aus dem Ländersample der Analyse (Tabelle 7 im Anhang) sind wünschenswert und vielversprechend, um die quantitativ festgestellten Effekte qualitativ mit nötiger Kontextualisierung – wie zum Beispiel dem Einbezug zusätzlicher, für einen bestimmten Entscheidungsprozess relevanter Vetospieler - zu überprüfen. Dies insbesondere deshalb, da potentielle Vetospieler wie zum Beispiel der Internationale Währungsfonds (IWF) aufgrund mangelnder Daten nicht Teil der quantitativ-statistischen Analyse der vorliegenden Studie sein können. Optimal wäre gar eine qualitative Fundierung für die zunächst quantitativ erhobenen Effekte anhand des gesamten Ländersamples. Doch können solche Analysen im Rahmen der vorliegenden Studie nicht geleistet werden.

[11] Zu X- und Y-zentrierten Forschungsdesigns Gschwend/Schimmelpfennig 2007: S.21 ff..

X-zentriert die Güte des Vetospielertheorems am Beispiel der Außenwirtschaftspolitik von Entwicklungs- und Schwellenländern untersucht. Wie in der Einleitung angesprochen, soll die Analyse mithilfe der Vetospielertheorie jedoch auch Aufschluss darüber geben, inwiefern Reformprozesse in der Außenwirtschaftspolitik von Entwicklungs- und Schwellenländern ähnlichen Logiken – nämlich den institutionalistischen Prämissen der Vetospielertheorie – folgen wie Reformprozesse in den entwickelten Demokratien der westlichen Welt. Insofern ist die Analyse vorrangig variablenorientiert, ihre Ergebnisse haben jedoch auch fallorientierte Implikationen.

1.3 Daten

Daten zu Außenhandelsquote, Inflations- und Arbeitslosenrate, Bruttoinlandsprodukt, Bruttoinlandsprodukt pro Kopf, Wirtschaftswachstum, Staatsausgaben sowie dem nationalen Schuldenstand bei multilateralen Geberorganisationen stammen aus der *World Development Indicators* - Datenbank der Weltbank aus dem Jahr 2010[12]. Daten zur Außenhandelsregulierung entstammen dem CACAO-Datensatz von Christian Martin (2005). Daten zur Mitgliedschaft in GATT/WTO und regionalen Handelsorganisationen stammen von den Internetauftritten der jeweiligen Organisation. Die Vetospieler-Indizes sind dem *Political Constraint Index* (POLCON) Datensatz von Witold J. Henisz (2000a; 2002) sowie der *Database on Political Institutions* von Beck et al. (2001) entnommen.

1.4 Gliederung

In Kapitel 1 wurde die Fragestellung der vorliegenden Analyse erläutert und ihre Relevanz für den politikwissenschaftlichen Theoriediskurs sowie die berufliche Praxis herausgestellt. Erste konzeptionelle Überlegungen wurden angestellt.

Kapitel 2 bildet die theoretische Grundlage der vorliegenden Analyse. Die Vetospielertheorie von George Tsebelis soll im Detail erläutert und für die vorliegende Analyse präzisiert werden. Kritik an der Theorie soll ebenso Teil des Kapitels sein wie der Vergleich von Tsebelis' Theorie mit alternativen Ansätzen zur Erfassung von Vetostrukturen. Insgesamt soll Kapitel 2

---

[12] Aufgrund der enormen Knappheit empirischer Daten für das Ländersample liefert auch der Katalog der *World Development Indicators* der Weltbank nicht für alle Länder und Zeitpunkte – vor allem nicht für die wirtschaftlich schwach entwickelten Staaten Afrikas südlich der Sahara - Daten zu Arbeitslosenrate und anderen Kontrollvariablen. Dem Autor ist jedoch keine umfassendere und gleichzeitig frei zugängliche Datenbank bekannt, die diesen Mangel an Daten beheben könnte.

Aufschluss darüber geben, inwieweit das theoretische Konstrukt von George Tsebelis tatsächlich *„sparsam, elegant und in sich [...] schlüssig"* (Merkel 2003: S.255) ist.

Kapitel 3 erläutert traditionelle Theorieströme zur Erklärung der Außenwirtschaftspolitik und ordnet diese in den Kontext der vorliegenden Analyse ein. Kapitel 4 stellt daraufhin die über Tsebelis' Theorie hergeleiteten Hypothesen auf. Kapitel 5 beschäftigt sich mit der Operationalisierung unabhängiger und abhängiger Variablen sowie der statistischen Methode der Analyse, geht also der Frage nach, inwiefern Tsebelis' Theorie *„testable"* (Hallerberg 2010: S.21) ist. Die bi- und multivariate Überprüfung der Hypothesen soll in Kapitel 6 erfolgen. In Kapitel 7 sollen die statistischen Ergebnisse im Hinblick auf ihre Erklärungskraft für die Außenwirtschaftspolitik der Entwicklungs- und Schwellenländer sowie ihrer Relevanz für den politikwissenschaftlichen Theoriediskurs interpretiert werden.

Kapitel 8 formuliert Schlussfolgerungen der Analyse und wünschenswerte Impulse für zukünftige Analysen mithilfe der Vetospielertheorie sowie Policy-Analysen in Entwicklungs- und Schwellenländern.

2 Theorie

Die folgende Erläuterung und Analyse der Vetospielertheorie soll zeigen, inwieweit das Konstrukt von George Tsebelis tatsächlich den - in der Einleitung angesprochenen - Charakter der theoretischen Übersichtlichkeit und Eindeutigkeit aufweist. Insbesondere der Vergleich mit alternativen Ansätzen zur Analyse von Vetostrukturen soll die besonderen Eigenschaften der Vetospielertheorie verdeutlichen.

2.1 Die Vetospielertheorie

Die Vetospielertheorie von George Tsebelis entstammt der Theorieschule des Institutionalismus. Im Vergleich zu anderen klassischen Theorieschulen der vergleichenden Staatstätigkeitsforschung betonen institutionalistische Theorien ihrem Namen entsprechend die herausgehobene Rolle des politisch-institutionellen Kontextes zur Erklärung von Staatstätigkeit[13].

---

[13] Auf die weiteren Theorieschulen der Heidelberger Schule zur vergleichenden Staatstätigkeitsforschung – Funktionalismus beziehungsweise sozio-ökonomische Schule, Machtressourcentheorie, Parteiendifferenzlehre, Internationale Hypothese und Pfadabhängigkeit beziehungsweise Politikerbe – soll im vorliegenden Kapitel 2 nicht näher eingegangen werden. Bei der Bestimmung der Kontrollvariablen für die empirische Analyse finden sich Argumente der anderen Theorieschulen. Doch liegt der theoretische Fokus der vorliegenden Stu-

Im kleinsten gemeinsamen Nenner bedeutet dies: *"„institutions matter'"* (Tsebelis 1995: S.289; Wiberg 2009: S.41). Politische Institutionen haben einen potentiell großen Einfluss auf die Staatstätigkeit, *„indem sie Akteurskonstellationen, Akteursstrategien und die Interaktionsmuster zwischen Akteuren konfigurieren"* (Zohlnhöfer 2008: S.160). Unterschieden werden kann zwischen institutionellen Arrangements, die den zentralstaatlichen Regierungen Kompetenzen a priori vorenthalten, und Institutionen, die den Entscheidungsprozess strukturieren, also bestimmen, *„ob die Zustimmung bestimmter Akteure notwendig ist, um Reformen durchzusetzen"* (Zohlnhöfer 2003a, S.64). Gemeinsam ist beiden, dass sie den Handlungsspielraum der Regierung begrenzen und diese potentiell zu Konzessionen bei der Durchsetzung der präferierten Politik zwingen (Zohlnhöfer 2008: S.160).

Ein Beispiel für ein institutionelles Arrangement, welches der zentralstaatlichen Regierung Befugnisse vorenthält, ist die föderale Kompetenzaufteilung im deutschen Grundgesetz[14]. So ist die Gesetzgebungskompetenz in zum Beispiel dem Bildungs- oder Polizeiwesen auf die Länderebene übertragen und der Bundesregierung sind Einflussmöglichkeiten in diesen Politikfeldern – zumindest formal - vorenthalten. In gleicher Weise wirkt ein institutionelles Arrangement mit einer unabhängigen Zentralbank - wie der deutschen Bundesbank beziehungsweise nach Einführung des Euro der Europäischen Zentralbank - welches der Regierung Instrumente der Geldpolitik komplett entzieht.

Beispiele für Institutionen, die den Entscheidungsprozess strukturieren und die beteiligten Akteure zu Kompromissen bei der Durchsetzung der präferierten Politik zwingen (können), sind zahlreich und vielseitig. Ein institutionelles Arrangement wie das präsidentielle Regierungssystem der USA mit seiner ausgeprägten Gewaltenteilung sowie den konstitutionell verankerten *checks and balances* schränkt die Kontrolle des Präsidenten über die Legislative formal ein. Gesetze werden vom Kongress verabschiedet. Doch können weder Senat noch Repräsentantenhaus ohne Rücksicht auf die Präferenzen des Präsidenten Gesetze verabschie-

---

die auf dem institutionalistischen Vetospielertheorem von George Tsebelis. Für eine kurze Übersicht der sechs Theorieschulen vgl. Blum/Schubert 2009: S.39 ff.. Zur ausführlicheren Darstellung vgl. Schmidt et al. 2007: S.21 ff.; Zohlnhöfer 2008: S.157 ff..

[14] Art.70 Abs.1 GG i.V.m. Art.73 GG und Art.74 GG.

den, müssen sie doch stets mit einem Veto desselben rechnen[15]. Bonoli spricht in Bezug auf präsidentielle Regierungssysteme anschaulich von *„separation of power systems"* (Bonoli 2001, S.241 f.). Neben der personellen und funktionalen Trennung von Exekutive und Legislative kann auch die Existenz einer starken zweiten Parlamentskammer innerhalb der Legislative den Handlungsspielraum einer Regierung begrenzen. Allerdings bleibt die Wirkung der zweiten Parlamentskammer auf den Entscheidungsprozess abhängig davon, ob die Mehrheitsverhältnisse in beiden Kammern gleichgerichtet oder verschieden sind (Zohlnhöfer 2003a, S.65). Eine Besonderheit bilden hier föderalistische zweite Kammern, die aus entsandten Vertretern der Gliedstaaten bestehen und die Interessen derselben vertreten. Sind in einer Sachfrage die spezifischen Interessen einzelner Gliedstaaten betroffen, können diese in der Abstimmungsdynamik schwerer ins Gewicht fallen als parteipolitisches Kalkül oder diesem sogar zuwider laufen. Somit ist die Wirkung einer föderalistischen zweiten Parlamentskammer auf den Entscheidungsprozess nicht nur abhängig von divergierenden oder gleichgerichteten Mehrheitsverhältnissen in beiden Kammern, sondern je nach Sachfrage auch von den genuin landesspezifischen Interessen[16]. Auch die Existenz einer unabhängigen Verfassungsgerichtsbarkeit durch zum Beispiel den *Supreme Court* der USA oder das deutsche Bundesverfassungsgericht setzt den Handlungs- beziehungsweise Entscheidungsspielräumen der Akteure im Entscheidungsprozess Grenzen.

Göhler spricht analog den dargestellten Beispielen auch von Institutionen als *„Organisationsfelder[n]"* (Göhler 1987: S.8) der Politik. In der populären Trias von *politics, polity* und *policy* verordnet er politische Institutionen als Teil der *polity*, der Strukturen des politischen Systems. Vermittelt über die Strukturierung der politischen Prozesse (*politics*) beeinflussten Institutionen letztlich auch die Inhalte der Politik, die *policy* (Göhler 1987: S.8).

---

[15] Die Möglichkeit des *presidential override* – also dem Überstimmen des direkten Veto des Präsidenten durch eine Zweidrittelmehrheit von Senat und Repräsentantenhaus – analog Tsebelis 2002 außen vor gelassen (Vgl. Tsebelis 2002: S.19). Zudem gilt die Möglichkeit nur für das reguläre, direkte Veto des Präsidenten. Ein indirektes Veto des amerikanischen Präsidenten – das sogenannte *pocket veto* – kann nicht vom Kongress überstimmt werden (Schultz 2009: S.776 ff.).

[16] Die Abstimmungshistorie im deutschen Bundesrat bietet hierfür zahllose Beispiele. So verfügte die Opposition schon ab 1999 über eine Blockademehrheit – Landesregierungen unter Beteiligung einer Oppositionspartei des Bundestages enthalten sich ihrer Stimme - im Bundesrat gegenüber der damaligen rot-grünen Bundesregierung. Allerdings verstand es die Regierung, diese Blockademehrheit bis 2002 durch die Berücksichtigung genuiner Länderinteressen und das Herauslösen einzelner oppositionell geführter Landesregierungen (sogenannter Kuhhandel) zu umgehen (Schlieben 2007: S.116 ff). Merkel spricht angesichts der zuweilen nicht vorherzusagenden Verhandlungsdynamik anschaulich von der *„black box Bundesrat"* (Merkel 2003: S.270).

Doch trotz der scheinbar eindeutigen Bedeutung von Institutionen hat sich in der Politikwissenschaft[17] keine widerspruchsfreie Definition dessen, was eine zu analysierende Institution ist, durchsetzen können (Blondel 2006: S.718 ff.). Goodin spricht vielmehr von einer großen Vielfalt an Meinungen darüber, welche Regeln und Beziehungen als Institutionen gelten dürfen und welche nicht (Goodin 1996: S.20). Die Bandbreite reicht dabei von einem weit gefassten Institutionenbegriff im soziologischen Institutionalismus bis hin zu relativ enger gefassten Definitionen in Rational Choice Theorien neueren Datums oder der rechtswissenschaftlich geprägten formal-legalen Tradition institutionalistischer Analysen zu Beginn des 20. Jahrhunderts[18]. Beispielhaft sei Schmidt 2007 erwähnt, der Institutionen relativ weit gefasst als *„interpersonelle formelle oder informelle Regeln und Normen"* definiert (Schmidt 2007: S.63). So definiert kann das Wahlsystem Frankreichs im Grunde ebenso als Institution analysiert werden wie die ungeschriebenen Konventionen im britischen Regierungssystem, die amerikanischen Vorwahlverfahren, die deutsche Straßenverkehrsordnung oder die Regel, sich an der Supermarktkasse in eine Warteschlange einzureihen.

Jedoch legen die allermeisten politisch-institutionalistischen Analysen der vergleichenden Staatstätigkeitsforschung einen eindeutigeren Rahmen der für ihre Untersuchungen relevanten Institutionen zugrunde. Sie beschränken sich auf die formalen Institutionen des politischen Systems. Regimetheoretiker wie Linz (1994) oder Stephan/Skach (1994) zielen in ihren Analysen auf Unterschiede und Gemeinsamkeiten zwischen präsidentiellen und parlamentarischen Regierungssystemen. Castles (2000) untersucht Unterschiede in der Staatstätigkeit von föderalen Bundes- und unitaristischen Einheitsstaaten. Sartori unterscheidet kompetitive von nicht-kompetitiven Parteiensystemen (Sartori 1976).

Dieser Zustand zumeist dichotomer Analysen politischer Institutionen entlang der Systemgrenzen von Föderalismus vs. Unitarismus, Parteiensystem, Präsidentialismus vs. Parlamentarismus oder auch Verhältnis- vs. Mehrheitswahlrecht, Einkammer- vs. Zweikammersysteme

---

[17] Auf eine Erläuterung und/oder Diskussion des Institutionenbegriffs sozialwissenschaftlicher Nachbardisziplinen, vor allem Soziologie und Volkswirtschaftslehre, soll in der vorliegenden Studie verzichtet werden. Für eine Diskussion des Begriffs und seiner Bedeutung in unterschiedlichen sozialwissenschaftlichen Disziplinen vgl. Blondel 2006: S.716 ff..

[18] Die Bandbreite unterschiedlicher Theorieströmungen und -ansätze im Institutionalismus ist enorm und kann in der vorliegenden Studie nicht exhaustiv diskutiert werden. Für die Erläuterung der drei neueren Theorieströmungen - dem historischen, dem Rational Choice und dem soziologischen Institutionalismus - vgl. Sanders 2006: S.39 ff.; Shepsle 2006: S.23 ff. und besonders Hall/Taylor 1996; Für eine Diskussion sogenannter alter institutionalistischer Ansätze vgl. Rhodes 2006: S.90 ff..

u.v.m. ist für Tsebelis jedoch unbefriedigend (Tsebelis 1995: S.292; Tsebelis 2002: S.1). Tsebelis' Vetospielertheorie, die der Versuch ist, *„to [...] analyze political systems regardless of the level of their institutional complexity"* (Tsebelis 2002: S.2) *„within the same framework"* (Tsebelis 2002: S.85), möchte den Zustand dichotomer Analysen und damit die *„gängigen Charakterisierungen der Regierungslehre [...] überwinden"* (Zohlnhöfer 2003b: S.255). Sie tut dies, indem Tsebelis eine *„radikale Vereinfachung"* (Zohlnhöfer 2003b: S.255) vornimmt und jenseits aller Systemunterschiede auf die allen Systemen gemeinsame Logik im Entscheidungsprozess abstellt: Bestimmte Akteure müssen einer Änderung des Status Quo zustimmen. Dabei ist es zunächst unerheblich, ob diese Akteure in präsidentiellen oder parlamentarischen Systemen agieren, ob nur ein Akteur eines autokratischen Regimes oder viele Akteure, beispielsweise sämtliche Mitglieder einer Viel-Parteien-Regierung in Italien, zustimmen müssen. Unerheblich ist auch, ob die Akteure Parteien, Parlamente, Präsidenten, Militärführer, Gerichte oder Gewerkschaften sind. Die angesprochene Logik bleibt gleich.

Tsebelis geht sogar noch weiter und impliziert, dass die Entscheidungsprozesse in Staaten mit unterschiedlichen Systemcharakteristika nicht nur entlang eines Kriteriums analysiert werden können, sondern sollten. Ein Vergleich entlang nur einer Systemeigenschaft sei nicht nur theoretisch unbefriedigend sondern unscharf. Die theoretische Betrachtung der Beziehungen politisch-institutionalistischer Variablen zueinander sei unterentwickelt (Tsebelis 2002: S.1). Wie beeinflusst ein Parteiensystem mit starken Parteien ein präsidentielles Regierungssystem und umgekehrt? Wie kann man Dänemark, ein parlamentarisches System mit einer legislativen Kammer und vielen starken Parteien, mit den Vereinigten Staaten von Amerika, einem präsidentiellen Regierungssystem mit zwei Parlamentskammern und wenigen schwach organisierten Parteien, vergleichen? Warum funktioniert der Entscheidungsprozess des präsidentiellen Regierungssystems der USA nach einer vollkommen anderen Logik als der präsidentieller Systeme Südamerikas (Tsebelis 2002: S.1)?

Ohne diese Frage exhaustiv beantworten zu wollen, fallen ad hoc doch eine Menge Charakteristika auf, entlang derer sich Südamerikas politische Systeme vom US-amerikanischen unterscheiden. Parteien in Bolivien, Venezuela oder Chile sind nicht durch die organisatorische Schwäche amerikanischer Republikaner oder Demokraten gekennzeichnet. Zudem zeichnen sich südamerikanische Parteiensysteme durch die Existenz von weit mehr als zwei Parteien aus. In Venezuela beispielsweise sind mehr als zehn Parteien im Parlament vertreten. Doch neben Parteientyp und –system gibt es viele weitere Unterschiede, die Wahlsystem, Verfassungsgerichtsbarkeit, institutionelle Machtbefugnisse des Präsidenten, direktdemokratische Partizipationsrechte und vieles mehr betreffen.

Bei alleinigem Fokus auf die Gemeinsamkeit dieser Staaten – das präsidentielle Regierungssystem - treten die Unterschiede in den Hintergrund. Doch zeigen gerade diese Unterschiede, dass klassische unabhängige Variablen vergleichender Analysen – wie Regierungs-, Parteiensystem oder die Anzahl legislativer Kammern - nicht unabhängig voneinander wirken (Tsebelis 1995: S:322 f.). Vielmehr beeinflussen die politischen Institutionen als unabhängige Variablen die Staatstätigkeit und wirken wechselseitig aufeinander. Ihre Beziehung ist multikollinear. Diese Multikollinearität bleibt durch den Fokus auf nur eine politische Institution gewissermaßen verborgen. In Bezug auf die Beziehung politischer Institutionen zueinander spricht Colomer beispielsweise davon, dass *"electoral systems are intertwined with party systems, which in turn shape the relations between the legislature and the executive"* (Colomer 2006: S.223). Tsebelis löst das Problem der Multikollinearität, indem er alle politischen Institutionen in Vetospielerkonstellationen übersetzt, die über klassische Systemgrenzen der Regierungslehre hinweg gleich definiert sind (Tsebelis 2002: S.17 f.). Er legt den Fokus seiner Theorie weniger auf strukturelle Unterschiede zwischen präsidentiellen und parlamentarischen Regierungssystemen oder Zwei- und Viel-Parteiensystemen, sondern auf die durch diese Systemeigenschaften bedingte *„Steuerungsfähigkeit des politischen Systems"* (Strohmeier 2003: S.18).

Durch die Systematisierung dieser Steuerungsfähigkeit unabhängig klassischer Kategorien und Charakteristika der Regierungslehre gelingt es Tsebelis' Theorie, Entscheidungsprozesse in Autokratien, präsidentiellen oder parlamentarischen Demokratien, Ein- oder Zweikammer-Systemen, mit und ohne Verfassungsgerichtsbarkeit entlang eines Instruments zu vergleichen. Reformprozesse im kommunistischen China können mit denen im Königreich Marokko, Ugandas Fähigkeit zu politischem Wandel kann mit der Brasiliens verglichen werden. Tsebelis' Theorie verfolgt dabei einen generalistischen Anspruch. Es ist im Grunde kein politisches System denkbar, dessen Entscheidungsprozesse sich nicht in einem Szenario von Anzahl, Kongruenz sowie interner Kohäsion von Vetospielern darstellen ließen. Aus dem Fokus auf dieses eine Kriterium – die Vetospieler – folgt, dass die politischen Systeme *„quasi-kontinuierlich[e]"* (Martin 2005: S.50) anhand ihrer Vetospielerkonstellation verordnet werden können. Es entfällt *„die Notwendigkeit einer dichotomen Trennung mit ihrer unvermeid-*

lichen Unfähigkeit, einzelne Systeme eindeutig zu klassifizieren" (Martin 2005: S.50)[19]. Eine analytische Fähigkeit, die die Vetospielertheorie fast automatisch zur theoretischen Fundierung der vorliegenden Analyse werden lässt. Denn die politischen Systeme im Ländersample der Entwicklungs- und Schwellenländer sind von einer Vielfalt und Variation gekennzeichnet, die eine Einteilung und Analyse der Entscheidungsprozesse entlang klassischer Charakterisierungen der Regierungslehre verunmöglichen könnte, mindestens aber zum Ausschluss einer großen Anzahl von Fällen führen würde. Die Vetospielertheorie von George Tsebelis hingegen löst durch ihre simple und konzeptionell konsistente Modellierung der Vetospieler dieses Kernproblem der vergleichenden Politikwissenschaft: kleine Fallzahlen (Hallerberg 2010: S.25; Tsebelis 1995: S.292).

Tsebelis' Theorie eignet sich zur Analyse politischer Institutionen im Entscheidungsprozess, weniger jedoch zur systematischen Betrachtung institutioneller Arrangements, die einer Regierung Kompetenzen a priori vorenthalten (Zohlnhöfer 2003b: S.257). Ein Vergleich von zum Beispiel der deutschen und britischen Bildungspolitik mit Tsebelis' Vetospielerkonstellationen ist nur begrenzt hilfreich, da die deutsche Bildungspolitik exklusive Entscheidungshoheit der Gliedstaaten ist, während sie in Großbritannien zentralstaatlich geregelt wird. So hätten wir es in der Bundesrepublik mit 16 verschiedenen und voneinander unabhängigen Vetospielerkonstellationen zu tun, während Großbritannien einzig die nationale Entscheidungsarena kennt. Tsebelis selbst bezieht sich schon im ersten Abschnitt der Einleitung zum 2002 erschienenen Grundlagenwerk explizit nur auf die Analyse von Entscheidungsprozessen, indem er von seiner Theorie als Versuch der Identifizierung von *„dimensions along which decision making in different polities is different"* (Tsebelis 2002: S.1) spricht.

2.1.1 Individuelle und kollektive Vetospieler

Der legislative Entscheidungsprozess folgt unbeachtet jedweder Systemeigenheiten in allen politischen Systemen im Kern immer der gleichen Logik: Bestimmte Akteure müssen einem Politikwechsel, einer Reform, einer Gesetzesänderung beziehungsweise einer Änderung des

---

[19] Zwar bezieht sich Martin in seinen Erläuterungen nicht explizit auf die Vetospielertheorie sondern auf das von ihm aufgestellte Kriterium der *„Zahl der Personen, die [...] über die Politik zu bestimmen haben, die in einem Land verwirklicht werden soll"* (Martin 2005: S.49). Dieses Kriterium ähnelt in seiner Logik allerdings stark Tsebelis' Vetospielern, die einer Änderung des legislativen Status Quo zustimmen müssen.

legislativen Status Quo zustimmen[20]. Diese Akteure heißen bei Tsebelis Vetospieler. Ein Vetospieler ist ein individueller oder kollektiver Akteur, dessen Zustimmung zur Änderung des legislativen Status Quo notwendig ist (Tsebelis 1995: S.289; 293; Tsebelis 2002: S.2; 19; 37).

Individuelle Vetospieler sind zunächst einmal Personen wie zum Beispiel Präsidenten oder Diktatoren autokratischer Regierungssysteme. Allerdings sind nicht alle Staatenlenker automatisch Vetospieler, da nicht alle eine formale Vetoposition im Entscheidungsprozess innehaben. Die Zustimmung der Präsidenten Venezuelas, Haitis oder Perus etwa ist zur Änderung des jeweiligen legislativen Status Quo nicht notwendig. Individuelle Vetospieler sind jedoch nicht nur Personen sondern auch kollektive Akteure, deren Präferenzordnungen durch *„monolithic majorities"* (Tsebelis 2002: S.38) strukturell denen von Individuen entsprechen (s.u.). Tsebelis nennt das Beispiel kommunistischer Parteien (Tsebelis 2002: S.38).

Sehr viel häufiger findet man in politischen Entscheidungsprozessen jedoch kollektive Vetospieler. Kollektive Vetospieler sind Vetospieler, die sich aus mehreren Akteuren zusammensetzen, deren interne Präferenzen nicht durch monolithische Homogenität geprägt sind und die ihre Entscheidungen nach einfachem oder qualifiziertem Mehrheitsentscheid treffen (Tsebelis 2002: S.38)[21]. Individuelle und kollektive Vetospieler unterscheiden sich nicht in der Qualität ihres Vetos. Besitzt ein Akteur ein Vetorecht – ist seine Zustimmung also notwendig zur Änderung des legislativen Status Quo - , wird er als Vetospieler in die Analyse einbezogen.

Ein fundamentaler Unterschied zwischen individuellen und kollektiven Vetospielern ist jedoch – wie bereits angedeutet - die (mögliche) Struktur ihrer Präferenzordnungen. Anders als alternative Ansätze zur Analyse von Vetostrukturen ordnet Tsebelis seinen Vetospielern Policy-Präferenzen zu. Die Policy-Präferenzen werden durch einen Idealpunkt im n-dimensiona-

---

[20] Auch wenn ein Politikwechsel im alltäglichen Sprachgebrauch nicht notwendigerweise eine Gesetzesänderung meint, sondern sich mitunter auch auf die Anpassung einer Strategie der Öffentlichkeitsarbeit oder Verhandlungstaktik beziehen kann, setzt Tsebelis eine Änderung des legislativen Status Quo bereits in der Einleitung mit einem Politikwechsel gleich (Tsebelis 2002: S.2). Die vorliegende Studie verwendet das Vokabular von Politik- oder Policy-Wechsel, legislativer Änderung des Status Quo, Gesetzesänderung und Reform – ähnlich Tsebelis – gleichbedeutend.

[21] Den sehr seltenen Sonderfall von Parlamenten, die einstimmig entscheiden, rechnet Tsebelis der Kategorie individueller Vetospieler zu (Tsebelis 2002: S.38). Jedes Parlamentsmitglied ist als Individuum ein individueller Vetospieler. So ließe sich der Entscheidungsprozess in einem solchen Parlament durch die Abbildung jedes einzelnen Abgeordneten als individuellem Vetospieler abbilden. Tsebelis nennt einzig und allein das polnische Parlament zu Beginn des 18. Jahrhunderts als Beispiel für eine Parlamentskammer mit Einstimmigkeitserfordernis.

len Policy-Spektrum abgebildet (Tsebelis 2002: S.20; vgl. Abbildung 1). Die Anzahl n ist die Anzahl an Dimensionen, die einem betrachteten Politikfeld oder einer Sachfrage zugrunde liegt. Ein Beispiel: Die Entscheidung zur Aufteilung von Haushaltsmitteln zwischen zwei Budgetposten Soziales und Verteidigung könnte als zweidimensionales – die zwei Dimensionen entsprechen den zwei Budgetposten - Policy-Spektrum abgebildet werden. Um den Idealpunkt im Policy-Spektrum wird die Präferenzordnung individueller Vetospieler mithilfe einer euklidischen, kreisförmigen Indifferenzkurve durch den legislativen Status Quo abgebildet. Indifferenzkurve deshalb, da ein Vetospieler zwischen dem Status Quo und allen Punkten – Policies - auf dieser Kurve indifferent ist. Ebenso zwischen anderen Punkten mit gleicher räumlicher Distanz zum Idealpunkt. Für Punkte beziehungsweise Policies innerhalb dieser Indifferenzkurven gilt aufgrund der räumlichen Distanz zum Idealpunkt, dass der betreffende Vetospieler diese dem Status Quo vorzieht. Für Policies jenseits der kreisförmigen Indifferenzkurve gilt dementsprechend, dass diesen der Status Quo vorgezogen wird, der betreffende Vetospieler einer Änderung des Status Quo also nicht zustimmen würde. Je näher ein Punkt am Idealpunkt ist desto eher entspricht die vorgeschlagene Policy den idealen Präferenzen des jeweiligen Vetospielers. Ein dem Idealpunkt näherer Punkt wird einem entfernteren Punkt immer vorgezogen. Individuelle Vetospieler haben folglich transitive Präferenzordnungen (Tsebelis 2002: S.41)[22].

Doch wo individuelle Vetospieler – abgebildet durch ihre euklidischen, kreisförmigen Indifferenzkurven – über transitive Präferenzordnungen verfügen, können die Präferenzordnungen kollektiver Vetospieler aufgrund interner Mehrheitsverhältnisse und Entscheidungsregeln nicht eindeutig strukturiert sein, ihre Indifferenzkurven können einen „*unusual shape*" (Tsebelis 2002: S.47) annehmen. Innerhalb kollektiver Vetospieler kann es unterschiedliche Mehrheiten für verschiedene Policies geben. Dabei folgen die Mehrheiten für Policies nicht notwendigerweise einer transitiven Rangfolge, vielmehr kann die Mehrheit für Policy A im Vergleich zu der für B, die für B im Vergleich zu C, aber die für C im Vergleich zu der für A

---

[22] Eine wichtige Prämisse für die Validität kreisförmiger Indifferenzkurven im n-dimensionalen Raum ist, dass Vetospieler die zugrunde liegenden Dimensionen gleich gewichten, dass ihre Präferenzen in allen Dimensionen gleich wichtig sind (Tsebelis 2002: S.20). Nur unter Annahme solcher „*Euclidian Preferences*" (Ganghof 2003: S.8) sind sie zwischen allen Punkten – also Policies – mit gleicher Distanz zum Idealpunkt indifferent und bevorzugen solche, die näher am jeweiligen Idealpunkt verortet werden können. Sollte sich herausstellen, dass ein Vetospieler nur an einer von n Dimensionen interessiert ist, können seine Präferenzen nicht mehr durch euklidische Indifferenzkurven abgebildet werden und „*the statements having to do with the ideological distance among veto players have to be reevaluated*" (Tsebelis 2002: S.20).

größer sein. Tsebelis versucht, die Präferenzordnungen kollektiver Vetospieler mithilfe eines *wincircle* zu approximieren[23]. Dieser beinhaltet ähnlich der kreisförmigen Indifferenzkurve individueller Vetospieler alle Punkte, die von einer – auch wechselnden - Mehrheit im kollektiven Vetospieler dem Status Quo vorgezogen wird. Dies ist jedoch mit theoretischen Unwägbarkeiten verbunden. Vor allem Tsebelis' Aussage größerer Policy-Stabilität bei größerer ideologischer Distanz der Vetospieler (s. Kapitel 2.2.3) muss nicht in jedem Fall richtig sein. Denn *wincircle* sind lediglich Approximationen der Präferenzordnungen und so ist es aufgrund intransitiver Verteilungen bei kollektiven Vetospielern zum Beispiel möglich, „*to decrease the distance and decrease the winset of the status quo*" (Tsebelis 2002: S.44). Die Policy-Stabilität würde entgegen Tsebelis' Erwartung mit geringerer ideologischer Distanz größer. Es ist ebenso möglich, dass sich die *wincircle* kollektiver Vetospieler überschneiden, dass das so gebildete *winset* aber leer ist. Denn die *wincircle* enthalten zwar alle dem Status Quo überlegenen Policies, doch sind gleichzeitig nicht alle Policies im *wincircle* dem Status Quo überlegen. *Wincircle* sind lediglich Annäherungen der Präferenzordnungen kollektiver Vetospieler. Auch wenn Tsebelis Fälle wie diese nicht als „*frequent phenomenon*" (Tsebelis 2002: S.44) sieht, bezeichnet er die für individuelle Vetospieler formulierten Theoreme im Bereich kollektiver Vetospieler vorsichtiger als Vermutungen (Tsebelis 2002: S.44).

Bei der Betrachtung möglicher Präferenzordnungen wird deutlich, warum Tsebelis neben Individuen auch eigentlich kollektive Akteure mit „*monolithic majorities*" (Tsebelis 2002: S.38) - wie zum Beispiel eine kommunistische Partei - analog individuellen Vetospielern analysiert. Denn diese handeln durch die enorme Homogenität ihrer internen Präferenzen ähnlich einem individuellen Vetospieler. In ihrer internen Entscheidungsfindung gibt es – zumindest oberflächlich – keine unterschiedlichen Mehrheiten für verschiedene Vorschläge. Ihre Präferenzordnung ist klar transitiv, ihre Indifferenzkurven haben keinen *unusual shape* sondern lassen sich kreisförmig um einen Idealpunkt im Policy-Spektrum abbilden.

---

[23] Auf eine Erläuterung zur grafischen Herleitung solcher *wincircle* soll hier verzichtet werden. Auch eine Diskussion von *yolk* und *m-* beziehungsweise *q-cohesion* soll hier unterbleiben. Für die vorliegende Analyse genügt die Feststellung, dass Tsebelis versucht, die Präferenzordnung eines kollektiven Vetospielers - sowohl bei einfachem wie qualifiziertem internem Mehrheitsentscheid - mithilfe eines *wincircle* zu approximieren. Ausführlicher Tsebelis 2002: S.45 ff..

2.1.2 Institutionelle und parteiliche Vetospieler

Neben der dichotomen Unterscheidung von kollektiven und individuellen Vetospielern unterscheidet Tsebelis parteiliche von institutionellen Vetospielern. Unterscheiden sich individuelle und kollektive Vetospieler hinsichtlich der (möglichen) Struktur ihrer Präferenzordnungen, werden institutionelle von parteilichen Vetospielern nach der Quelle ihres Vetorechts unterschieden. Institutionelle Vetospieler sind durch die Verfassung vorgegeben (Tsebelis 2002: S.19). Ihr Vetorecht im Gesetzgebungsprozess ist in der Verfassung festgeschrieben, ihre Zustimmung formal notwendig zur Änderung des legislativen Status Quo. Institutionelle Vetospieler können individuelle, wie der deutsche Bundespräsident, oder kollektive, wie die Nationalversammlung Südafrikas, Vetospieler sein. Ein aufschiebendes Veto reicht zur Qualifizierung als institutioneller Vetospieler jedoch nicht aus. Das britische *House of Lords* etwa ist für Tsebelis kein Vetospieler, da es – obwohl am Gesetzgebungsprozess beteiligt - nur über ein aufschiebendes Veto verfügt (Tsebelis 1995: S.305).

Parteiliche Vetospieler, in der Literatur auch als *„parteipolitische"* (Strohmeier 2003: S.18) Vetospieler bezeichnet, sind Vetospieler, die innerhalb institutioneller Vetospieler agieren. Ihr Vetorecht speist sich nicht aus verfassungsrechtlichen Vorgaben sondern aus dem *„political game"* (Tsebelis 2002: S.79), aus ihrer Machtstellung im von Mehrheitserfordernissen geprägten Gesetzgebungsprozess. Mit der Betrachtung politischer Machtverhältnisse verbindet Tsebelis zur Modellierung seiner Vetospieler die eher statische *polity*-Dimension institutioneller Vetospieler mit der dynamischeren *politics*-Dimension parteilicher Vetospieler (Stoiber 2007: S.126). Dadurch erhöht sich – im Vergleich zu alternativen Ansätzen zur Analyse von Vetostrukturen (s. Kapitel 2.3) - die potentielle Erklärungskraft der Theorie, da Tsebelis mit dem Kriterium parteilicher Vetospieler Einflüsse von Parteiensystemen in die Analyse aufnimmt. Ein Beispiel: Die politischen Systeme von Staat A und Staat B unterscheiden sich lediglich hinsichtlich ihres Parteiensystems. Beide haben ein parlamentarisches Regierungssystem mit nur einer Parlamentskammer. In Staat A sind drei Parteien im Parlament vertreten. Keine Partei erreicht die absolute Mehrheit, eine Koalition aus zwei dieser drei Parteien bildet die Regierung. In Staat B hingegen sind fünf Parteien im Parlament vertreten. Keine Partei erreicht die absolute Mehrheit, auch eine Koalition aus zwei Parteien reicht nicht zur Regierungsbildung. So regiert in Staat B eine Drei-Parteien-Koalition. Bei reiner Betrachtung institutioneller Vetospieler wären die Entscheidungsprozesse in beiden Systemen durch gleiche Vetostrukturen - jeweils ein institutioneller Vetospieler - gekennzeichnet. Die Entscheidungsprozesse in beiden Systemen unterscheiden sich jedoch offensichtlich, da in Staat A lediglich zwei, in Staat B aber drei Koalitionspartner einer Änderung des legislativen Status Quo zustimmen müssen. Eine Substitution des institutionellen Vetospielers durch die an der Regierungsmehrheit beteiligten parteilichen Vetospieler würde die unterschiedlichen Vetostrukturen ihren Unterschieden entsprechend – zwei (parteiliche) Vetospieler in Staat A, drei (parteiliche) Vetospieler in Staat B - abbilden.

Entscheidend für die Analyse parteilicher Vetospieler sind stabile Mehrheitsverhältnisse. Denn nur wenn eine stabile Koalition oder eine disziplinierte Partei einen kollektiven institutionellen Vetospieler kontrolliert, ist die Substitution durch den oder die die Mehrheit konstituierenden parteilichen Vetospieler sinnvoll. Andernfalls *"we would be talking about a single collective veto player, the Parliament"* (Tsebelis 2000: S.447).

Vergleichsweise eindeutig lässt sich die Sinnhaftigkeit einer Substitution am Abstimmungsverhalten im Deutschen Bundestag illustrieren. Zwar gilt für Abgeordnete des Deutschen Bundestages nach Art.38 Abs.1 Satz 2 GG der Grundsatz des freien Mandats. Doch unter anderem durch Landeslisten, eine an den Fraktionen orientierte Geschäftsordnung des Bundestages und an den Parteien orientierte Wahlkampffinanzierung haben deutsche Parteien und Fraktionen großen Einfluss auf das Abstimmungsverhalten ihrer Parlamentarier. Fasst eine Fraktion einen Mehrheitsbeschluss, gilt die Fraktionsdisziplin und die gesamte Fraktion stimmt – im Regelfall – geschlossen ab. Regierungskoalitionen funktionieren nach ähnlichem Prinzip und stimmen – im Regelfall - geschlossen für Regierungsentwürfe und gegen die der Opposition. In einem solchen Szenario geschlossen abstimmender Fraktionen ist es sinnvoll und relativ einfach, den institutionellen Vetospieler Bundestag durch die die Mehrheit konstituierenden parteilichen Vetospieler der Regierungskoalition zu substituieren. Anders bei Abstimmungen, bei denen die Abgeordneten von ihrer Fraktionsdisziplin befreit abstimmen, etwa bei den Entwürfen zur möglichen Einführung der Präimplantationsdiagnostik (PID). In diesem Szenario ist es aufgrund mangelnder Vorhersagbarkeit des Abstimmungsverhaltens nicht möglich und sinnvoll, parteiliche Vetospieler innerhalb des Bundestages zu identifizieren. Es bleibt die Analyse des kollektiven institutionellen Vetospielers, dem Deutschen Bundestag.

Einen Sonderfall bilden präsidentielle Systeme wie das der USA, in denen die Parteiendisziplin prinzipiell gering ausgeprägt ist. In solchen Systemen ist es per se schwer bis unmöglich, das Abstimmungsverhalten der Abgeordneten im Parlament vorherzusagen. So ist es extrem schwierig, parteiliche Vetospieler innerhalb von Abgeordnetenhaus und/oder Senat zu identifizieren. Tsebelis nennt als Beispiel die Nordamerikanische Freihandelszone NAFTA, die Präsident Clinton mehrheitlich mit Stimmen der Republikaner im US-Kongress ratifizierte. Im Gegensatz dazu verabschiedete er seine Steuerreform 1993 mit den Stimmen der Demokraten gegen die Stimmen der Republikaner. Ohne solche Koalitionswechsel wäre Politik im „divided government" (Tsebelis 2002: S.85) der USA sehr viel schwieriger, durch sie wird eine Substitution institutioneller durch parteiliche Vetospieler aber unmöglich, so Tsebelis (Tsebelis 2002: S.85). Doch schwerwiegender als Koalitionswechsel ist, dass Republikaner und Demokraten eher selten und zumindest nicht vorhersehbar geschlossen ihre Koalition wechseln. Vielmehr können Wahlkreisinteressen wichtiger als die ohnehin schwach ausgeprägten Parteiinteressen ins Gewicht fallen und die Abgeordneten dazu bewegen, fernab ihrer Parteilinie abzustimmen. Den schwach organisierten Parteien der USA fehlen die Mittel, das Abstimmungsverhalten ihrer Parlamentarier zu disziplinieren. So bleibt eine Analyse parteilicher Vetospieler - die prominenten ersten 100 Tage unter Präsident Roosevelt einmal ausgenommen - wenig fruchtbar für Entscheidungsprozesse im präsidentiellen System der Vereinigten Staaten. Gewiss sind andere präsidentielle Systeme wie die Südamerikas durch weniger volatiles Abstimmungsverhalten der Parlamentarier gekennzeichnet. So muss vor der Analyse der Vetospieler präsidentieller wie parlamentarischer Systeme ein Urteil darüber gefällt werden, ob die Parteiendisziplin im betrachteten Szenario es sinnvoll erscheinen lässt, institutionelle durch relevante parteiliche Vetospieler zu substituieren. Ist die Parteiendisziplin schwach ausgeprägt, erscheint eine Substitution also nicht sinnvoll, „we will be confined to the study of institutional veto players" (Tsebelis 2002: S.85) und „veto player analysis cannot move beyond the institutional level" (Tsebelis 2002: S.145).

Der grundsätzliche Unterschied zwischen institutionellen und parteilichen Vetospielern ist, dass die Zustimmung parteilicher Vetospieler – streng betrachtet - weder formal notwendig noch hinreichend ist während die Zustimmung institutioneller Vetospieler per definitionem formal notwendig und hinreichend zur Änderung des Status Quo ist (Tsebelis 1995: S.302; Wiberg 2009: S.43). Die Zustimmung parteilicher Vetospieler ist nicht hinreichend, da eine Änderung des legislativen Status Quo, der zum Beispiel alle Partner einer Regierungskoalition zugestimmt haben, nichtsdestotrotz im Parlament abgelehnt werden kann. Dies ist insbesondere dann relevant, wenn den Regierungsparteien Instrumente zur Disziplinierung ihrer eigenen Parlamentsmitglieder fehlen (Tsebelis 1995: S.302 f.)[24]. Die Zustimmung parteilicher Vetospieler ist nicht notwendig, da Koalitionspartner umgangen oder gegeneinander ausgespielt werden können. Es gibt zwei Fälle, in denen dies prinzipiell möglich ist: Minderheits- und übergroße Mehrheitsregierungen parlamentarischer Regierungssysteme. Allerdings schränkt Tsebelis diese strenge Betrachtung in seiner Antwort auf eine Kritik von Kaare Strøm (2000) deutlich ein. Realistisch betrachtet müssten auch in Minderheits- und übergroßen Mehrheitsregierungen alle Koalitionspartner einer Änderung des Status Quo zustimmen. Denn *„participation in a government grants parties the right to veto legislation and to provoke a government crisis if they so wish"* (Tsebelis 2002: S.87). Tsebelis leitet das Vetorecht der Koalitionspartner also weniger aus Mehrheitserfordernissen als vielmehr aus den politischen Zwängen von Koalitionsregierungen her. Die Drohkulisse einer möglichen Regierungskrise *„is a sufficient condition for a party to qualify as a veto player"* (Tsebelis 2002: S.87). Regierungen sind an Stabilität und einer Fortführung ihrer Arbeit interessiert. So können sie es sich auch trotz der theoretischen Möglichkeit realistisch nicht erlauben, Politiken ohne die Zustimmung eines Koalitionspartners zu verabschieden[25].

Mit beiden Dichotomien – parteilich vs. institutionell und individuell vs. kollektiv – gelingt es Tsebelis, Entscheidungsprozesse in verschiedensten institutionellen Kontexten über klassische Systemgrenzen hinweg durch das einheitliche Konzept des Vetospielers zu systematisieren. Doch trotz der scheinbar eindeutigen Abgrenzung eines Vetospielers erreicht auch Tsebelis' Instrument Grenzen der Eindeutigkeit. Dieser Graubereich möglicher Vetospieler, deren Veto sich weder aus der Verfassung eines Staates noch aus der parteipolitischen Kontrolle eines institutionellen Vetospielers ergibt, soll in der Folge erläutert und für den Kontext der vorliegenden Analyse präzisiert werden.

---

[24] Tsebelis selbst nennt Beispiele aus Frankreichs IV. Republik und Italien (Tsebelis 1995: S.302 f.).

[25] Tsebelis führt die Diskussion zur Wertung aller Koalitionspartner übergroßer Mehrheitsregierungen als parteiliche Vetospieler noch weiter aus. Rein numerisch sei die Zustimmung aller Regierungspartner nicht erforderlich. Es gebe auch Beispiele für Ablehnungen durch einzelne Regierungsparteien, die nicht zum Bruch der Regierung geführt haben (Tsebelis nennt Israels Arbeiterpartei in Koalition mit dem Likud im Jahr 2001). Sollte dieses Phänomen regelmäßiger auftreten, ließe sich das Szenario derart in die Vetospielertheorie integrieren, als eine Regierung eine Policy dann nicht mehr unter Berücksichtigung aller Koalitionspartner – also einstimmig – sondern mit qualitativem Mehrheitsentscheid unter Vernachlässigung nicht abstimmungsrelevanter Regierungspartner verabschiede (Tsebelis 2002: S.95 f.). Bis dahin hält Tsebelis die Einbeziehung aller Regierungsparteien als Vetospieler jedoch für eine *„good approximation for policy stability"* (Tsebelis 2002: S.96).

2.1.3 Zusätzliche Vetospieler

Mögliche zusätzliche Vetospieler jenseits der institutionellen und parteilichen werden von Tsebelis nur am Rande betrachtet. Tsebelis spricht sogar davon, dass er *„ignored other potential veto players"* (Tsebelis 2002: S.81). Dies hat unter anderem damit zu tun, dass die für die Staatstätigkeitsforschung typischen quantitativen Untersuchungen Policies über eine größere Anzahl von Sachfragen, Ländern und Zeiträumen hinweg vergleichen und dass *„while the number of veto players may vary by issue or over time, these variations will cancel each other out when applied across several issues for sufficiently long periods of time"* (Tsebelis 1995: S.308). So müssen zusätzliche Vetospieler zwar zwingend in qualitativen Einzelfallstudien einbezogen werden, doch verzichten die allermeisten quantitativen Analysen mithilfe der Vetospielertheorie auf die Untersuchung zusätzlicher Akteure jenseits institutioneller und parteilicher Vetospieler.

Nichtsdestotrotz gilt, dass eine Nichtbetrachtung relevanter zusätzlicher Vetospieler zu nichtvaliden Ergebnissen führen kann (Tsebelis 2002: S.36). Zusätzliche Vetospieler können von Sachfrage zu Sachfrage, von Politikfeld zu Politikfeld, von Land zu Land und auch von Zeitpunkt zu Zeitpunkt verschieden sein. Ihr Vetorecht speist sich weder aus der Verfassung noch aus Mehrheitsverhältnissen innerhalb gesetzgebender Organe. Vielmehr kann es Gesetze oder Regelungen geben, die zum Beispiel die Lohnfindung – unter Wahrung der Tarifautonomie - auf korporatistische Arrangements überträgt. Bei der Analyse von arbeitszeit- und lohnrelevanten Sachfragen müssten die Tarifparteien folglich als Vetospieler betrachtet werden, da ihre Zustimmung zur Änderung des Status Quo notwendig ist. Auch Einzelpersonen – neben Präsidenten oder Diktatoren - können für eine Sachfrage Vetospielerrang haben. Tsebelis nennt als Beispiel die US-Senatoren Sam Nunn und Jesse Helms, die als Vorsitzende von Senatsausschüssen in der Lage waren, Entscheidungen der Präsidenten Bush und Clinton zu torpedieren (Tsebelis 2002: S.81). Doch bleibt die Einbeziehung einzelner Personen als singuläre Vetospieler sehr stark fallbezogen, da – im Beispiel bleibend – keinesfalls alle Senatoren, die einem Senatsausschuss vorsitzen, automatisch Vetospielerfunktionen übernehmen.

Für die vorliegende Analyse potentiell wichtige Akteure jenseits institutioneller und parteilicher Vetospieler sind vor allem internationale Organisationen, deren Einfluss sich aus der Besonderheit des betrachteten Ländersamples sowie der internationalen Verflechtung des Politikfeldes ableiten lässt. Die Weltbank bedient mit verschiedenen Fonds die Kapitalnachfrage in Staaten, in denen das Finanzsystem nicht als ausgebaut bezeichnet werden kann. Zudem finanziert die Weltbank eigene Projekte in Entwicklungsländern, investiert in die Infrastruktur, fördert Handel und Wirtschaft. Einige nationale und regionale Entwicklungsbanken wie die deutsche Kreditanstalt für Wiederaufbau (KfW), die Europäische Investitionsbank (EIB) oder die Afrikanische Entwicklungsbank (AfDB) engagieren sich – wenn auch in kleinerem Ausmaß - in ähnlichen Bereichen. Der Internationale Währungsfonds (IWF) hilft Ländern bei der Finanzierung ihrer Staatsausgaben, die sich sonst nicht oder nur unter Inkaufnahme hoher Zinszahlungen am internationalen Kapitalmarkt finanzieren könnten. IWF, Weltbank, regionale und nationale Entwicklungsbanken sind wichtige Kapitalquellen für Entwicklungsländer und teilweise günstige Kapitalgeber der Schwellenländer. Doch verfolgen sogenannte Geberorganisationen wie IWF und Weltbank gleichzeitig wirtschaftspolitische Interessen, indem sie ihre Darlehensnehmer - besonders außenwirtschaftlich stark regulierte Entwicklungsländer während der 1990er Jahre – dazu anhalten, ihre Haushalte zu konsolidieren, ihre Wirtschaft und ihren Außenhandel zu liberalisieren (Boockmann/Dreher 2003: S.634 ff.). Sie beeinflussen den nationalstaatlichen Entscheidungsprozess. Gleichzeitig haben sie durch ihre Rolle als günstige oder einzige Kapitalgeber mit dem *„Druckmittel von Krediten"* (Wagschal 2005: S.165) mächtige Sanktionsmöglichkeiten in der Hand, um die von ihnen präferierte Politik auch durchsetzen zu können. Ihr potentielles Vetorecht speist sich weniger aus der Verfassung oder den Mehrheitsverhältnissen in demokratischen Entwicklungsländern sondern vielmehr aus finanziellen Abhängigkeiten, denen viele Entwicklungsländer ausgesetzt sind.

Neben den durch die besondere Finanzlage begründeten Institutionen wird die Außenwirtschaftspolitik der Entwicklungs- und Schwellenländer von mindestens einer weiteren internationalen Organisation beeinflusst, die ein potentiell wichtiger Akteur zur Erklärung von Differenzen in der Staatstätigkeit der betrachteten Staaten sein kann: Die Welthandelsorganisation (WTO). Die WTO wurde zur Mitte des Untersuchungszeitraums 1994 gegründet. Ihr gehört schon 1994 ein Großteil des Ländersamples an. Am Ende des Untersuchungszeitraums im Jahr 2005 waren 100 von 133 betrachteten Staaten Mitglied der Welthandelsorganisation. WTO und regionale Wirtschaftsverbünde wie der Verband Südostasiatischer Nationen (ASEAN) oder der Gemeinsame Markt Südamerikas (MERCOSUR) spielen in der Außenwirtschaftspolitik der Nationalstaaten eine wichtige Rolle. Mit dem Beitritt zu ASEAN, MERCOSUR oder der WTO verpflichten sich die Beitrittsländer zur kontinuierlichen Reduktion ihrer Handelsschranken. Mehr noch, zum Teil bieten die internationalen Organisationen – vor allem die WTO – auch institutionalisierte Sanktionierungsverfahren bei Verletzung internationaler Handelsabkommen und Verpflichtungen. Geht man davon aus, dass diese Sanktionierungsverfahren von den Mitgliedstaaten geachtet und genutzt werden, führt eine Mitgliedschaft in der WTO zur Einschränkung der Bandbreite möglicher Policies, da eine stärkere Regulierung der Außenwirtschaft nicht mehr oder nur unter Inkaufnahme höherer Kosten – Strafzahlungen infolge der Sanktionen oder Ausschluss aus der WTO – als wählbare Alternative erscheint.

Inwieweit direkte und indirekte Sanktionsmöglichkeiten internationalen Institutionen wie Weltbank, IWF oder WTO tatsächlich den Rang eines Vetospielers in der Außenwirtschaftspolitik einräumen, kann in der vorliegenden Analyse aufgrund der mangelnden Verfügbarkeit von Daten empirisch nicht überprüft werden[26]. Tsebelis selbst jedenfalls nennt in seiner Erläuterung zusätzlicher Vetospieler explizit den IWF als Vetospieler in der Finanzpolitik von Entwicklungsländern: *„if in a certain policy area foreign actors can play an important role and exclude possible outcomes (the International Monetary Fund on financial policies of developing countries), these players should be included in the set of veto players"* (Tsebelis 2002: S.36).

Neben internationalen Organisationen spielen unter Umständen auch nationale Akteure eine Rolle, deren Einfluss in Entwicklungs- und Schwellenländern deutlich größer als im wirtschaftlich und politisch stärker entwickelten Teil der Erde erwartet werden darf. Tsebelis nennt als Beispiel die Armee (Tsebelis 1995: S.306 f.). Das Militär steht auch in den meisten Entwicklungs- und Schwellenländern zumindest formal außerhalb des politischen Entscheidungsprozesses. Doch verfügt ein diszipliniertes Militär in Staaten strukturell instabiler Regierungen oder sogar instabiler Regierungssysteme und vor dem Hintergrund regelmäßiger Umsturzphasen über ein nicht zu unterschätzendes Machtpotential gegenüber der jeweiligen Regierung. Die jüngere politische Entwicklung Ägyptens oder die mit dem Einfluss der Armee assoziierte Flucht des pakistanischen Präsidenten Sardari lassen die nationale Machtstellung des Militärs erahnen[27]. Inwiefern dieses Machtpotential tatsächlich einem Vetopotential im Gesetzgebungsprozess entspricht, ist eine empirische Frage, die in der vorliegenden Ana-

---

[26] Sowohl POLCONIII, POLCONV sowie CHECKS zählen keine Vetospieler jenseits nationalstaatlicher Grenzen. Der Einfluss internationaler Institutionen kann so lediglich durch Kontrollvariablen (s. Kapitel 5.2.3.4 und 5.2.3.5) erfasst werden.

[27] Quelle: http://www.zeit.de/politik/ausland/2011-12/pakistan-praesident-zardari (19.12.2011)

lyse nicht untersucht werden kann. Weder POLCONIII noch POLCONV oder CHECKS werten das Militär als Vetospieler.

Auch Referenden können Vetospielerfunktion übernehmen (Tsebelis 2002: S.116 ff.). Etwa in direktdemokratischen Entscheidungsverfahren der Schweiz oder auf substaatlicher Ebene im US-Bundesstaat Kalifornien. Doch werden Referenden weder in den für diese Analyse verfügbaren Daten operationalisiert noch spielen direktdemokratische Mitbestimmungselemente für das zu untersuchende Ländersample eine bedeutende Rolle im Entscheidungsprozess. So soll auch aus Kapazitätsgründen auf eine theoretische Diskussion von Referenden als Vetospieler verzichtet werden.

Insgesamt gilt für die vorliegende Analyse, was für die allermeisten quantitativen Analysen mithilfe der Vetospielertheorie gilt: Akteure jenseits institutioneller und parteilicher Vetospieler können aufgrund mangelnder Daten nicht in die Untersuchung einbezogen werden. Dies ist jedoch keineswegs ein schwerwiegender Bruch mit Tsebelis' Theorie oder eine mangelhafte Operationalisierung seiner Hypothesen. Vielmehr bekräftigt Tsebelis interessierte Forscher mit seiner Feststellung, dass sich die Effekte zusätzlicher Vetospieler bei einem gewissen Abstraktionsniveau aufheben (s.o.), auf eine Untersuchung zusätzlicher Vetospieler jenseits von Einzelfallstudien und Analysen anhand kleiner Fallzahlen zu verzichten.

2.1.4 Die Judikative als Vetospieler

Den Spezialfall eines potentiellen Vetospielers bildet die Judikative eines Staates. Hierbei geht es meist um Verfassungsgerichte, da diese mit Instrumenten wie dem Normenkontrollverfahren eine Änderung des legislativen Status Quo aufgrund der angenommenen Unvereinbarkeit mit der Verfassung für nichtig erklären können, also einer Änderung des Status Quo zustimmen müssen und folglich institutionelle Vetospieler sind (Hönnige 2011: S.264 ff.). So darf es auch nicht verwundern, dass in vielen Untersuchungen Verfassungsgerichte als Vetospieler beziehungsweise Vetopunkte modelliert sind (Alivizatos 1995; Wagschal 2006; Wagschal 2009). Im Hinblick auf ihren Rang als Vetospieler sind jedoch Zweifel angebracht. Denn Verfassungsgerichte sind *„nicht in jedem Fall am Gesetzgebungsprozess beteiligt"* (Hönnige 2011: S.265). Ihre Zustimmung ist im Gesetzgebungsprozess formal nicht vorgesehen, vielmehr müssen die allermeisten Gerichte von einer klageberechtigten juristischen oder

Privatperson angerufen werden[28]. Sie können nicht initiativ tätig werden. Dagegen wird jedoch eingewandt, dass die Legislative schon bei der Ausarbeitung der Gesetze die Meinung des Verfassungsgerichts antizipiert, *„wenn nur die Wahrscheinlichkeit besteht, dass ein Gesetz einer Normenkontrolle unterzogen wird"* (Hönnige 2011: S.266). Wird ein solcher Autolimitationseffekt des Gesetzgebers angenommen, hängt die Vetospielerfunktion eines Verfassungsgerichts maßgeblich von den Zugangsmöglichkeiten zu Klage- und Kontrollverfahren ab.

Ein weiteres Argument, das gegen den Einbezug von Verfassungsgerichten als institutionelle Vetospieler spricht, ergibt sich aus der Tatsache, dass Verfassungsgerichte Gesetzesänderungen *„nur aus ganz bestimmten Gründen ihre Zustimmung verweigern"* (Zohlnhöfer 2003a: S.66) dürfen. Ein Verfassungsgericht kann eine legislative Änderung des Status Quo nur aus verfassungsrechtlichen Gründen – und nicht wie andere Vetospieler aus politischen Erwägungen - ablehnen.

Für Tsebelis sind Verfassungsgerichte – und nur diese – institutionelle Vetospieler, da *„a rejection by a constitutional court is sufficient to abrogate legislation approved by the legislature"* (Tsebelis 2002: S.226)[29]. Allerdings hält Tsebelis die Hypothese eines *„government of judges"* (Tsebelis 2002: S.226) für überzogen. Er bringt diese scheinbar gegensätzlichen Positionen in Einklang, indem er auf die Präferenzen von Verfassungsgerichten abstellt. Verfassungsgerichte sind für Tsebelis Vetospieler, die durch den Modus ihrer personellen Besetzung *„most of the time [...] absorbed"* (Tsebelis 2002: S.227) bleiben. Der auf Konsens zwischen den politischen Lagern angelegte Modus der personellen Besetzung von Verfassungsgerichten in den meisten Staaten führe dazu, dass Extrempositionen außen vor bleiben und der Median der Präferenzen des Gerichts zentral im Policy-Spektrum liegt[30]. So wären Verfassungsgerichte zwar institutionelle Vetospieler, aber meistens absorbiert, da ihre Präferenzen – im

---

[28] Eine von wenigen Ausnahmen bildet hier das französische *Conseil Constitutionel*, das a priori ganze Gesetze oder Teile von Gesetzen für verfassungswidrig erklären kann, bevor diese durch die Unterschrift des Präsidenten in Kraft treten (Tsebelis 2002: S.226). In diesem Fall funktioniert das Gericht wie ein *„additional chamber of parliament"* (Tsebelis 2002: S.226) und ist eindeutig ein institutioneller Vetospieler.

[29] Bei der Auslegung von Gesetzen - *„statutory decisions"* (Tsebelis 2002: S.228) - sind Gerichte für Tsebelis keine Vetospieler, da ihre Entscheidungen von der Legislative – zum Beispiel durch die Verabschiedung neuer Gesetze - überstimmt werden können (Tsebelis 2002: S.226 ff.).

[30] Eine Ausnahme ist abermals die französische V. Republik. Richter des *Conseil Constitutionel* werden jeweils zu einem Drittel vom Präsidenten, vom Präsidenten der Nationalversammlung sowie dem Präsidenten des Senats ernannt. Spezielle Qualifikationen oder die Zustimmung anderer Gremien sind bei der personellen Besetzung nicht vorgesehen (Tsebelis 2002: S.227).

Zentrum des Policy-Spektrums - zwischen denen anderer Vetospieler verortet werden können (Tsebelis 2002: S.227; zur Absorptionsregel Kapitel 2.2.2.1). Legen Verfassungsgerichte dennoch ihr Veto ein, kann dies laut Tsebelis drei Gründe haben. Erstens könnten die Präferenzen des Gerichts nicht absorbiert sein, falls die anderen Vetospieler – zum Beispiel extremistische Parteien - Extrempositionen im Policy-Spektrum einnehmen (Tsebelis 2002: S.228). Zweitens kann die zu entscheidende Sachfrage zum Zeitpunkt der Besetzung des Verfassungsgerichts noch nicht virulent gewesen sein, sodass die Präferenzen der Richter den ernennenden Gremien unbekannt und folglich nicht Teil der ausgehandelten Konsensentscheidung waren. Tsebelis nennt als Beispiele die Homo-Ehe oder Euthanasie, also wichtige und kontrovers diskutierte Sachfragen, die jedoch zum Zeitpunkt der Besetzung des Gerichts kein Kriterium zur Beurteilung der Richter waren. Drittens bedeutet das Veto eines Verfassungsgerichts auch nicht zwangsläufig die inhaltliche Ablehnung des verabschiedeten Gesetzes. Vielmehr kann ein Veto auch Ausdruck von „*procedural preferences*" (Tsebelis 2002: S.228) sein. Das Gericht würde zum Ausdruck bringen, dass der von der Legislative eingeschlagene Weg, ein bestimmtes Ziel mittels einer Policy zu erreichen, nicht mit der Verfassung vereinbar sei, während hingegen das Ziel selbst verfassungskonform sei. Dieser Grund für das Veto eines Verfassungsgerichtes ist theoretisch insofern hochinteressant, als Tsebelis hier erstmals und einmalig Präferenzen jenseits reiner Policy-Präferenzen als mögliches Motiv für das Veto eines Vetospielers anführt. Dass also ein Vetospieler sein Veto einlegt, obwohl er aufgrund seiner Policy-Präferenzen eigentlich absorbiert wäre.

Zum Ende seiner Ausführungen über die Rolle der Judikative als Vetospieler merkt Tsebelis jedoch an, dass es aufgrund der „*black box*" (Tsebelis 2002: S.228) der judikativen Entscheidungsfindung unmöglich ist, das Veto eines Gerichtes auf Policy- oder sonstige Präferenzen zurückzuführen. Aus diesem Grund wertet Tsebelis Verfassungsgerichte nicht als Vetospieler in der empirischen Anwendung seiner Theorie, obwohl er ihren Rang als Vetospieler auf der theoretischen Ebene bejaht (Tsebelis 2002: S.228).

Inwieweit Verfassungsgerichte und die Judikative eines Staates insgesamt tatsächlich als Vetospieler betrachtet werden können, bleibt umstritten. Begründete Zweifel sind formuliert, da Gerichte nicht initiativ tätig werden können und nur aus ganz bestimmten Gründen einer Änderung des legislativen Status Quo ihre Zustimmung verweigern dürfen. Wagschal und andere beziehen Verfassungsgerichte dennoch als Vetospieler in die Analyse ein. Für Tsebelis sind sie auf theoretischer Ebene Vetospieler, empirisch betrachtet er sie jedoch nicht. Die vorliegende Analyse geht deshalb – auch aufgrund der Möglichkeit der Operationalisierung von Vetospielereffekten mithilfe mehrerer unterschiedlicher Variablen - einen doppelten Weg. POLCONIII und CHECKS messen keine Effekte eines judikativen Einflusses, Henisz' POLCONV bezieht eine unabhängige Judikative explizit als Vetospieler in die Messung ein.

2.1.5 Vetospieler in autokratischen Regierungssystemen

Vetospielerkonstellationen autokratischer Regime spielen im Kontext der vorliegenden Analyse eine wichtige Rolle. So besitzen mindestens – nicht für alle Staaten sind Daten vorhanden - 94 von 133 der im Ländersample untersuchten Entwicklungs- und Schwellenländer zu einem oder allen Zeitpunkt(-en) im Untersuchungszeitraum ein autokratisches Regierungssystem[31]. Insgesamt bedeutet dies eine Fallzahl von N=1132 und betrifft damit 53,2% aller Fälle. Ein Ausschluss dieser Fälle würde zu einer drastischen Reduktion der Fallzahlen führen.

Die Relevanz der Vetospielertheorie wurde nur sehr selten für Entscheidungsprozesse in nicht-demokratischen Regimen untersucht. Die Untersuchungen von Henisz (2000a; 2000b) sowie Henisz/Mansfield (2006) bilden insofern eine Ausnahme, als dass sie – ähnlich der vorliegenden Studie – auch autokratische Systeme in ihre Analysen von Policy-Stabilität in der Außenwirtschaftspolitik sowie im Eigentumsrecht von Entwicklungsländern einbeziehen. Tsebelis selbst beschäftigt sich in seinem Grundlagenwerk aus dem Jahr 2002 eher rudimentär mit der Anwendung seiner Vetospielertheorie auf autokratische Systeme (Tsebelis 2002: S.67 ff.). Dies mag mit der – in der Einleitung angesprochenen - mangelnden Transparenz sowie der damit verbundenen fehlenden Systematisierbarkeit der Entscheidungsprozesse in diesen Staaten zusammenhängen. Denn häufig funktioniert der Entscheidungsprozess autokratischer Regime nicht nach von außen einsehbaren und transparenten Kriterien. Zuständigkeiten der Verfassung werden, obwohl de jure vorhanden, faktisch außer Kraft gesetzt. Beispielsweise war das politische System Bhutans schon vor der ersten demokratischen Wahl der Nationalversammlung 2007 durch die Existenz eines Parlaments gekennzeichnet, das unter anderem eigene Gesetzgebungsrechte besaß, aber durch das Verbot politischer Parteien und Opposition faktisch auf eine Akklamationsfunktion gegenüber dem König beschränkt blieb. Im Untersuchungszeitraum von 1990 bis 2005 besitzt Bhutan mit einem durchschnittlichen POLITY2-

---

[31] Für die vorliegende Analyse sollen solche Regime als autokratisch gelten, denen ein Wert kleiner +6 im POLITY2 (Kombinierter Demokratie/Autokratie Index mit einem Wertebereich von -10 bis +10) des POLITY IV Datensatzes von Marshall et al. zugeordnet wird (Marshall et al. 2010).

Wert von -9,75 ein stark autokratisches Regierungssystem, welches aufgrund einer fehlenden effektiven Parlamentskammer durch die Existenz nur eines Vetospielers, des Königs, gekennzeichnet ist. Auch das Liberia unter Präsident Doe während der 1980er Jahre war formal eine Demokratie, funktionierte aber faktisch nach den Regeln einer Militärdiktatur.

Einige Regime wie Libyen unter Führung von Muammar al-Gaddafi oder das Königreich Saudi-Arabien verfügen über gar keine Verfassung. In einem solchen System ist es schon per definitionem unmöglich, institutionelle – von der Verfassung vorgegebene - Vetospieler zu bestimmen. So bleibt der interessierte Wissenschaftler meist auf die immer gleiche Feststellung beschränkt: Ein nicht-demokratisches System, regiert durch ein Organ, das im Regelfall uneingeschränkte Entscheidungsgewalt über Exekutive, Legislative und Judikative ausübt, ist durch die Existenz nur eines einzigen Vetospielers gekennzeichnet. Nur dieser eine Vetospieler muss einer Änderung des legislativen Status Quo zustimmen.

Doch schreibt Tsebelis, dass die Anzahl der Vetospieler keinen fundamentalen Unterschied zwischen demokratischen und nicht-demokratischen Systemen konstituiert (Tsebelis 2002: S.90). Nicht-demokratische Regierungssysteme seien nicht notwendigerweise durch die Existenz nur eines Vetospielers gekennzeichnet. Denn die mangelnde Transparenz der Entscheidungsprozesse in nicht-demokratischen Regierungssystemen bedeute ebenso wenig die Existenz nur eines Vetospielers wie die Transparenz der Entscheidungsprozesse demokratischer Systeme zur Existenz mehrerer Vetospieler führe (Tsebelis 2002: S.77). Tsebelis vergleicht die mangelnde Transparenz der Entscheidungsprozesse in autokratischen Regimen mit Entscheidungsprozessen innerhalb politischer Parteien. Präferenzen von Parteien werden in der Vetospielertheorie als Idealpunkt eines kollektiven parteilichen Vetospielers dargestellt. Doch wisse man auch für diese Präferenzen nicht, wie sie entstünden (Tsebelis 2002: S.78): Entschieden durch einen Parteivorsitzenden? Durch den Kompromiss eines Führungsgremiums? Oder gar durch die Entscheidung eines größeren Plenums? Und - falls ja - nach welcher Entscheidungsregel? Waren alle Beteiligten mit einem Vetorecht ausgestattet?

Einen Hinweis auf unterschiedliche Entscheidungslogiken innerhalb der Kategorie autokratischer Regierungssysteme liefert Remmers Untersuchung der Entscheidungsprozesse autoritärer Militärdiktaturen in Lateinamerika (Remmer 1989). Remmer stellt in ihren Beobachtungen fest, dass in einigen Regimen der Diktator allein für politische Entscheidungen verantwortlich zeichnete während in anderen Diktaturen mehrere Akteure mit einem faktischen Veto gegenüber Vorschlägen zur Änderung des Status Quo ausgestattet waren.

Tsebelis selbst merkt jedoch an, dass über Entscheidungsprozesse sowohl nicht-demokratischer Regime als auch politischer Parteien zu wenig Detailinformationen verfügbar seien, sodass *„we are assuming single decisionmakers"* (Tsebelis 2002: S.78). Dies würde bedeuten, dass die Operationalisierung der Vetospieler autokratischer Systeme in der vorliegenden Analyse auf die angesprochene immer gleiche Feststellung nur eines Vetospielers reduziert bliebe (s.o.).

Doch weisen POLCONIII und POLCONV mit einem Mittelwert für autokratische Regierungssysteme von 0,1263 beziehungsweise 0,1949 einen von 0 verschiedenen Wert auf. Das bedeutet, dass Henisz' Indizes auch in – durch POLITY IV bestimmten – Autokratien einen Vetospielereffekt feststellen, der Despot oder Präsident also nicht uneingeschränkt über Änderungen des legislativen Status Quo bestimmen kann. Auch CHECKS misst mit einem durchschnittlichen Wert von 1,83 für autokratische Systeme einen Wert größer 1, das heißt, dass diese Systeme – zumindest im Durchschnitt - durch die Existenz von mehr als einem Vetospieler gekennzeichnet sind. Insofern geht die Betrachtung von Vetospielern autokratischer Systeme in der vorliegenden Analyse über Tsebelis' Feststellung nur eines Vetospielers hinaus.

2.1.6 Policy-Stabilität

Die zentrale abhängige Variable in Tsebelis' Theorie ist die durch den Status Quo und verschiedene Vetospielerkonstellationen bedingte Policy-Stabilität beziehungsweise das durch die Anzahl der Vetospieler, die Kongruenz von Präferenzen zwischen sowie die Kohäsion einzelner Präferenzen in ihnen bedingte Potential für Policy-Wandel (Tsebelis 1995: S.292 ff.; Tsebelis 2002: S.2 ff.). Ein Potential für Policy-Wandel garantiert noch keinen tatsächlichen politischen Wandel, aber *„the abscence of this potential precludes it"* (Tsebelis 1995: S.293). Das bedeutet, dass Tsebelis' Theorie zwar die notwendigen Voraussetzungen für möglichen politischen Wandel vorhersagen kann, diese aber nicht ausreichend sein müssen für wirklichen Wandel. Oder kurz: *„Even if change is possible, it may not occur"* (Tsebelis 2002: S:17).

Wünschenswerter für den interessierten Beobachter, den forschenden Politikwissenschaftler wie für den handelnden Politiker wäre natürlich eine Theorie, die eine genaue Vorhersage wirklichen politischen Wandels leisten kann. Im Zustand perfekter Information, falls die Präferenzen aller - eventuell auch zusätzlicher, also jenseits institutioneller und parteilicher - Vetospieler, der Status Quo und die Identität des Agendasetzers identifiziert werden können und die Informationen allen Akteuren bewusst sind, kann Tsebelis' Theorie diese Vorhersage eines tatsächlichen Policy-Wandels leisten (Tsebelis 2002: S.3; 18; 285). Dieser Webersche Idealtypus ist in der Empirie jedoch vollkommen unrealistisch, sodass *„the only possible prediction can be based on policy stability, which does not require as much information to be defined"* (Tsebelis 2002: S.3).

Doch ist die Messung von Policy-Stabilität keineswegs trivial. Vielmehr sind Policy-Stabilität und die aus dem Potential für Wandel abgeleitete Policy-Flexibilität wichtige Variablen der Sozialwissenschaft. Politikwissenschaftler interessieren sich häufig für die Steuerungsfähigkeit der Politik durch die Regierung, für die *„decisiveness"* (Tsebelis 1995: S.294) eines politischen Systems. Dabei wird die Fähigkeit, fehlgeschlagene Politik durch innovative Ansätze zu verändern, als eine wichtige und notwendige Kernkompetenz einer Regierung angesehen (Weaver/Rockman 1993: S.6). Denn bleibt fehlgeschlagene Politik aufgrund institutioneller Strukturen stabil, kann Policy-Stabilität auch zu Regierungs- oder gar Regime-Instabilität führen (Tsebelis 2002: S.3; 72). Ein großer Teil volkswirtschaftlicher Literatur betont hingegen die Wichtigkeit des *credible commitment* einer Regierung, sich zu einem späteren Zeitpunkt gerade nicht einzumischen (zum Beispiel Kydland/Prescott 1977). Etwa durch die dauerhafte Übertragung geldpolitischer Policy-Instrumente an eine unabhängige Zentralbank oder die Übertragung der gesamten Lohnpolitik auf korporatistische Arrangements unter Garantie der Tarifautonomie.

In dieser intensiven Diskussion spielen Stabilität und Flexibilität von Politik eine wichtige Rolle. Während eine Seite die Wichtigkeit von Stabilität und Verlässlichkeit als Maxime bestimmt, betont die andere die Bedeutung von Flexibilität, um auf veränderte Umstände, aufkommende Probleme und fehlgeschlagene Politiken rechtzeitig reagieren zu können. Es herrscht jedoch kein Konsens darüber, ob Policy-Stabilität oder Policy-Flexibilität per se wünschenswert ist. Tsebelis kommt zu dem Schluss, dass es einen solchen Konsens und damit objektiv generalisierbare Aussagen über ein optimales Ausmaß von Stabilität oder Flexibilität nicht geben kann (Tsebelis 1995: S.294). Er formuliert keine normativ verbindliche Aussage über Stabilität und Wandel, sein normatives Argument lautet vielmehr: *„sometimes policy stability is desirable; at other times policy change is necessary"* (Tsebelis 2000: S.443). Es bleibt kontextspezifisch und abhängig von der Perspektive des Akteurs, ob der Erhalt des le-

gislativen Status Quo oder die Möglichkeit der Änderung desselben als wünschenswert erachtet wird (Tsebelis 1995: S.294 f.; Tsebelis 2000: S.443; Tsebelis 2002: S.8 f.).
Ein Beispiel: Ist die Außenwirtschaftspolitik eines Staates liberal, dürften stark ex- oder importabhängige Industrien die gesicherte Stabilität dieser Policy hoch schätzen, da sie vom Status Quo profitieren. Anders bewerten dies hingegen Akteure, die ihre unternehmerische Existenz durch diese Öffnung der Märkte bedroht sehen. Sie dürften die Möglichkeit der Änderung dieser Politik, also deren Flexibilität, deutlich besser bewerten als Hindernisse, den Status Quo zu verändern. Dieses Verhältnis würde sich vice versa verändern, sobald der Status Quo eher einer protektionistischen, regulierenden oder gar abschottenden Außenwirtschaftspolitik entspricht. Ganz anders dürften die Konfliktlinien für die Bewertung von Policy-Stabilität in anderen Politikfeldern aussehen. Eine Bewertung der Policy-Stabilität bleibt also abhängig vom betrachteten Kontext und der Perspektive des Bewertenden. Für Tsebelis scheint diese Feststellung trivial und geradezu tautologisch, doch werde sie im Großteil der Literatur ignoriert (Tsebelis 2000: S.443).

2.1.7 Die Logik der Vetospielertheorie

Abbildung 1 zeigt ein zweidimensionales Policy-Spektrum – zum Beispiel die genannte Budgetentscheidung zwischen den Haushaltsposten Soziales und Verteidigung – und drei an der Entscheidung über eine Änderung zweier hypothetischer Stati Quo beteiligte Vetospieler. Die Präferenzen der Vetospieler sind als Idealpunkt samt Indifferenzkurve(-n) - beziehungsweise *wincircle* für kollektive Vetospieler – abgebildet.

Policy-Stabilität wird bei Tsebelis einerseits operationalisiert als *winset* eines Status Quo. Das *winset* des Status Quo ist die Schnittmenge der Indifferenzkurven aller beteiligten Vetospieler im n-dimensionalen Raum und „*wird als Menge aller Politikentscheidungen definiert, die den Status quo besiegen können*" (Wagschal 2009: S.118; vgl. W(SQ1) in Abbildung 1). Je kleiner das *winset*, je kleiner also die Menge an Policies, die dem Status Quo aus Sicht aller Vetospieler vorgezogen wird, desto größer ist die Policy-Stabilität im betrachteten Politikfeld. Auch der Fall eines leeren *winsets* des Status Quo, also einer fehlenden Schnittmenge der Präferenzen der Vetospieler, ist möglich (vgl. fehlendes W(SQ2) in Abbildung 1). In einem solchen Fall ist ein Potential für Policy-Wandel nicht vorhanden und eine Änderung des legislativen Status Quo unmöglich.

Neben dem *winset* wird in Abbildung 1 ein weiterer Proxy für Policy-Stabilität, der Einstimmigkeitskern, abgebildet. Der Einstimmigkeitskern bezeichnet grafisch den Raum zwischen den Idealpunkten der Vetospieler im n-dimensionalen Policy-Spektrum. Er heißt deshalb Einstimmigkeitskern, weil alle Vetospieler per definitionem einer Änderung des legislativen Status Quo zustimmen müssen, also einstimmig entscheiden. Der Einstimmigkeitskern bezeichnet eine Menge an Policies mit leerem *winset*, also Policies, die nicht geändert werden können, da bei einer Änderung derselben mindestens einer der beteiligten Vetospieler schlechter gestellt werden würde. Liegt der Status Quo im Einstimmigkeitskern der Vetospieler, hat auch dieser ein leeres *winset* und kann nicht geändert werden (SQ2 in Abbildung 1). Anschaulich bezeichnet Tsebelis den Einstimmigkeitskern auch als *„‚Pareto set'"* (Tsebelis 2002: S.21), als Menge an Policies, die nicht besiegt werden können. Folglich gilt: Je größer der Einstimmigkeitskern, je größer also das *„set of points that cannot be changed"* (Tsebelis 2002: S.21), desto größer die Policy-Stabilität.

Nach Tsebelis sind die Größe des *winset* und die Größe des Einstimmigkeitskerns in Bezug auf Policy-Stabilität quasi-äquivalent (Tsebelis 2002: S.29 f.). Je kleiner das *winset* und/oder größer der Einstimmigkeitskern, desto größer die Policy-Stabilität. Tsebelis verdeutlicht diese Quasi-Äquivalenz anhand der Absorptionsregel (s. Kapitel 2.2.2.1). Wenn das Hinzufügen eines Vetospielers nicht zur Reduktion des *winset* führt, bedeutet dies, dass die Präferenzen des Vetospielers im Einstimmigkeitskern zwischen den bestehenden Vetospielern verortet sind. Gleichzeitig bedeutet das Hinzufügen eines Vetospielers im Einstimmigkeitskern, dass sich das *winset* des Status Quo nicht verändert (Tsebelis 2002: S.29). Allerdings sind die zwei Kriterien für Policy-Stabilität nicht in jedem Fall äquivalent, da es einen entscheidenden Unterschied zwischen beiden gibt. Die Größe des Einstimmigkeitskerns ist unabhängig von der Position des Status Quo während die Größe des *winset* schon *„by definition"* (Tsebelis 2002: S.30) von der Position des Status Quo abhängt. Das bedeutet, dass das *winset* auch bei gleichbleibendem Einstimmigkeitskern, abhängig von der Position des Status Quo, größer oder kleiner werden kann.

Tsebelis entscheidet sich trotz der Quasi-Äquivalenz oder vielmehr aufgrund der nicht vollkommenen Äquivalenz beider Indikatoren für das *winset* als primären Proxy für Policy-Stabilität (Tsebelis 2002: S.21 f.). Das *winset* als vom Status Quo abhängige Schnittmenge der Policy-Präferenzen der Vetospieler bezeichnet die Menge an Policies, die dem Status Quo potentiell überlegen sind. Der Einstimmigkeitskern bezieht sich jedoch gerade unabhängig vom Status Quo auf die Menge an Policies, die pareto-optimal allen Policy-Lösungen außerhalb dieses Kerns überlegen sind. Aus der Abhängigkeit des *winset* vom Status Quo folgt, dass die Messung von Policy-Stabilität mithilfe des *winset* mindestens vier analytische Vorteile gegenüber der Messung mithilfe des Einstimmigkeitskerns hat. Erstens erfasst die Messung mithilfe des *winset* den wichtigen Einfluss der Position des Status Quo auf die Policy-Stabilität. Policy-Stabilität hängt entscheidend von der Position des Status Quo ab (Tsebelis 2002: S.22 f.; s. Kapitel 2.2.1). Zweitens kann die Betrachtung des *winset* im Zustand perfekter Information eine Aussage über den finalen Policy-*Output* liefern, eine vom Status Quo unabhängige Betrachtung des Einstimmigkeitskerns kann diese – wenn auch unrealistische (s. Kapitel 2.1.6) – Aussage auch im Zustand vollkommener Information nicht leisten. Drittens bedeutet ein kleines *winset*, dass möglicher Policy-Wandel höchstens „*incremental*" (Tsebelis 2002: S.22) sein kann. Mit anderen Worten: „*a small winset of the status quo precludes major policy changes*" (Tsebelis 2002: S.22)[32]. Ein großer Einstimmigkeitskern führt jedoch aufgrund der Unabhängigkeit vom Status Quo nicht zum gleichen Ergebnis, eine alleinige Betrachtung des Kerns lässt eine solche Aussage nicht zu. Viertens bedeutet umgekehrt ein größeres *winset* des Status Quo auch ein größeres Potential für Policy-Wandel. Die gleiche Aussage kann für einen kleinen Einstimmigkeitskern ohne Betrachtung des Status Quo nicht getroffen werden.

Über die finale Policy entscheidet schließlich der Agendasetzer. In parlamentarischen Systemen ist dies meist die Regierung, in präsidentiellen Systemen die Legislative (Tsebelis 2002: S.3). Bei Kenntnis der Präferenzen der anderen Vetospieler wählt der Agendasetzer die Policy, die im *winset* des Status Quo liegt und gleichzeitig seinem Idealpunkt im Policy-Spektrum am nächsten kommt. Die Bedeutung des Agendasetzers nimmt jedoch unter anderem mit zunehmender Anzahl und größerer ideologischer Distanz der Vetospieler ab, da der Bereich von ihm wählbarer Alternativen, das *winset* des Status Quo, potentiell kleiner wird (Tsebelis 2002: S.35; 37; s. Kapitel 2.2.2 und 2.2.3)[33].

---

[32] Gleichzeitig bedeutet ein großes *winset* des Status Quo nicht, dass möglicher Policy-Wandel umfassend sein muss. Denn die Größe des *winset* ist eine notwendige aber nicht ausreichende Bedingung für die Änderung des Status Quo (Tsebelis 2002: S.32). Ein großes *winset* ist zwar notwendig, aber nicht ausreichend für eine umfassende Änderung des Status Quo.

[33] Ausführlicher Tsebelis 2002: S.33 ff.; 82 ff..

Abbildung 1: Logik der Vetospielertheorie

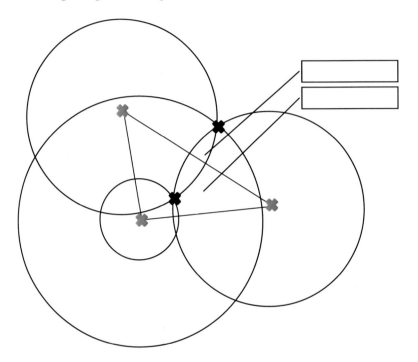

(Quelle: eigene Darstellung nach Tsebelis 2002: S.22)

2.2 Vier Einflussfaktoren der Policy-Stabilität

Die Größe des *winset* und damit das Ausmaß an Policy-Stabilität ist abhängig von vier Faktoren: der Position des Status Quo, der Anzahl der Vetospieler, der Kongruenz ihrer Präferenzen sowie ihrer internen Kohäsion.

2.2.1 Die Position des Status Quo

Policy-Stabilität hängt ganz entscheidend von der Position des Status Quo ab. Ist ein Status Quo im Policy-Spektrum weit entfernt von den Idealpunkten aller Vetospieler, ist die Policy-Stabilität gering, da die Menge möglicher Annäherungen an die Idealpunkte der Vetospieler - also die von ihnen dem entfernten Status Quo vorgezogenen Policies, das *winset* – groß ist (Tsebelis 2002: S.22). Die Policy-Stabilität steigt jedoch, je näher der Status Quo an einen der Vetospieler heranrückt, da der Bereich, der von diesem Vetospieler dem Status Quo vorgezogenen Policies - und damit das *winset* des Status Quo - kleiner wird (Tsebelis 2002: S.22). Dies kann so weit gehen, dass der Status Quo zwischen den Idealpunkten der Vetospieler, im Einstimmigkeitskern, positioniert ist. In einem solchen Zustand vollkommener Policy-Stabilität kann der Status Quo nicht verändert werden, da dieser pareto-optimal allen Änderungsversuchen überlegen ist (Tsebelis 2002: S.23; s. Kapitel 2.1.7).

Doch auch wenn die Position des Status Quo ein bedeutender Einflussfaktor für die Policy-Stabilität ist, interessiert sich Tsebelis vornehmlich für *„propositions that are independent of the position of the status quo"* (Tsebelis 2002: S.23). In politikwissenschaftlichen Analysen ist es aufgrund der Komplexität des Gegenstands nicht immer einfach, die Position des Status Quo a priori zu bestimmen. Der betreffende Status Quo kann von einer Vielzahl legislativer Maßnahmen beeinflusst sein, sodass eine Abgrenzung schwerfällt. Tsebelis nennt das Beispiel von Gesetzen zur Gesundheitsversorgung, bei denen man den Status Quo nicht kenne *„until after the bill is voted on"* (Tsebelis 2002: S.23). Deutlich einfacher ist die a priori Bestimmung des Status Quo beispielsweise in der Untersuchung von öffentlichen Haushalten unter der Prämisse, dass bei einer Nicht-Einigung der Vetospieler der Haushalt des Vorjahres fortgeschrieben würde. Der Haushalt des Vorjahres wäre der Status Quo, der, falls von einem Vetospieler einer Änderung desselben vorgezogen, stabil bliebe. Ganz ähnlich ließe sich ein Status Quo in der vorliegenden Analyse operationalisieren, indem das Niveau außenwirtschaftlicher Regulierung zum Zeitpunkt t den Status Quo für die Vetospieler zum Zeitpunkt t+1 darstellt. Bei einer Nicht-Einigung der Vetospieler bliebe das Regulierungsniveau stabil. Doch hat eine von der Position eines Status Quo abhängige Analyse zwangsläufig einen *„contingent and volatile character"* (Tsebelis 2002: S.24), da sie eben genau von der empirischen Volatilität des Status Quo abhängt.

Aufgrund dessen interessiert sich Tsebelis für generalisierbare Hypothesen zur Policy-Stabilität *„that are characteristic of a political system and not of the status quo"* (Tsebelis 2002: S.24) und konzentriert sich in der Folge auf die drei viel zitierten Einflussfaktoren der Policy-Stabilität, deren potentielle Wirkung unabhängig von der empirischen Position des Status Quo hypothetisiert werden kann: die Anzahl der Vetospieler, die Kongruenz ihrer Präferenzen sowie ihre interne Kohäsion.

2.2.2 Anzahl der Vetospieler

Dem ersten Faktor, der Anzahl an Vetospielern, liegt folgende Annahme zugrunde: Mit zunehmender Anzahl an Vetospielern erhöht sich die Policy-Stabilität oder bleibt gleich, sie wird in jedem Fall nicht kleiner. Diese Feststellung wird beim Vergleich von Abbildung 1 und Abbildung 2 intuitiv deutlich. Abbildung 1 zeigt eine Vetospielerkonstellation mit drei institutionellen und/oder parteilichen Vetospielern. In Abbildung 2 wird diesem Szenario ein vierter Vetospieler VS4 hinzugefügt. Durch das Hinzufügen von VS4 wird das *winset* W(SQ1) deutlich kleiner und der Einstimmigkeitskern größer, folglich erhöht sich die Policy-Stabilität des Status Quo SQ1. Dies kann so weit gehen, dass das Hinzufügen eines weiteren Vetospielers zu einem leeren *winset* des Status Quo führt, dass es also keine Policy-Lösung gibt, die dem Status Quo überlegen ist. Dies wäre der Fall, falls das Hinzufügen von VS4 dazu führt, dass der Status Quo SQ1 in der Folge zwischen den Idealpunkten der Vetospieler liegt. Es ist auch denkbar, dass das Hinzufügen des vierten Vetospielers das *winset* des Status Quo nicht verändert. Dies ist dann der Fall, wenn der Status Quo schon vor Hinzufügen des VS4 im Einstimmigkeitskern der anderen drei Vetospieler verortet ist (vgl. SQ2 in Abbildung 1). Der Status Quo hat ein leeres *winset*, das durch Hinzufügen eines weiteren Vetospielers nicht kleiner werden kann. Nichtsdestotrotz erhöht der hinzugefügte VS4 die vom Status Quo unabhängige Policy-Stabilität – ausgedrückt durch die Größe des Einstimmigkeitskerns -, da der Einstimmigkeitskern VS1/VS2/VS3/VS4 in Abbildung 2 größer ist als der Einstimmigkeitskern VS1/VS2/VS3 in Abbildung 1. Zudem ist es möglich, dass das Hinzufügen des Vetospielers VS4 weder einen Einfluss auf die Größe des *winset* noch einen Einfluss auf die Größe des Einstimmigkeitskerns hat. Falls der Vetospieler VS4 im Einstimmigkeitskern der anderen drei Vetospieler verortet werden kann, führt sein Hinzufügen weder zu einem kleineren *winset* noch zu einem größeren Einstimmigkeitskern. Der Vetospieler VS4 wäre absorbiert (s. Kapitel 2.2.2.1), sein Hinzufügen hätte keinen Einfluss auf die Policy-Stabilität. In keinem Fall ist es jedoch möglich, dass das Hinzufügen eines Vetospielers das *winset* vergrößert und/oder zu einem kleineren Einstimmigkeitskern führt und damit die Policy-Stabilität sinkt.

Insgesamt folgt daraus: Mit zunehmender Anzahl an Vetospielern erhöht sich die Policy-Stabilität oder sie bleibt gleich (entweder wird das *winset* kleiner und/oder der Einstimmigkeitskern wird größer oder beide bleiben gleich) (Tsebelis 2002: S.25).

Tsebelis betrachtet dieses Theorem als „analytical truth" (Tsebelis 2010: S.4), da es – unabhängig davon, welche zusätzlichen Annahmen getroffen werden – schon aufgrund des theoretischen Arguments logisch undenkbar ist, dass das analytische Gegenteil – mit steigender Anzahl sinkt potentiell die Policy-Stabilität – richtig ist (Tsebelis 2010: S.4).

Abbildung 2: Hinzufügen eines Vetospielers

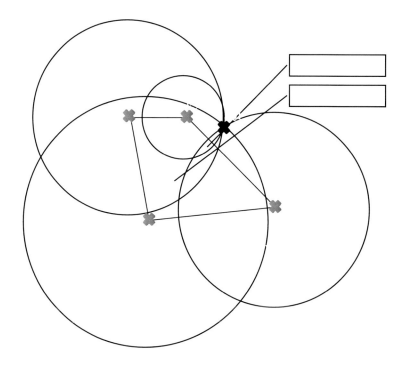

(Quelle: eigene Darstellung nach Tsebelis 2002: S.23)

2.2.2.1 Die Absorptionsregel

Im Unterschied zu Vetopunkt- oder Veto-*Gates*-Ansätzen betrachtet Tsebelis neben der reinen Anzahl institutioneller und/oder parteilicher Vetospieler auch deren Präferenzen. Mit der Betrachtung der Präferenzen der Vetospieler und der folgenden Anwendung von Tsebelis' Absorptionsregel lässt sich die Präzision der für die Anzahl an Vetospielern getroffenen Aussagen deutlich erhöhen.

In ihrer ersten Fassung formulierte Tsebelis seine Absorptionsregel noch so, dass nur solche Vetospieler absorbiert werden sollten, deren Veto aufgrund identischer Präferenzen keinen Einfluss auf die Größe des *winset* hat (Tsebelis 1995: S.309 f.). Dies konnten ausschließlich institutionelle Vetospieler sein, denn die Annahme, dass parteiliche Vetospieler – vor allem Parteien - identische Präferenzen haben können, war für Tsebelis theoretisch unplausibel. Diese fehlende Plausibilität lässt sich leicht aus der Logik der Parteiendifferenzlehre ableiten: Parteien wollen einen Unterschied machen, folglich sollten ihre Präferenzen nicht identisch sein, sondern voneinander abweichen. Für Tsebelis folgt daraus: *„partisan actors should be counted as distinct, while institutional actors may be absorbed"* (Tsebelis 1995: S.311). Im Rückblick bemerkt Tsebelis eindeutig: *„I had identified only identical veto players as cases for application of the absorption rule, and, as a consequence, I was applying this rule only to institutional veto players"* (Tsebelis 2002: S.86). Nach Kritik von Kaare Strøm (Strøm 2000) überarbeitete Tsebelis seine Absorptionsregel (Tsebelis 2002: S.86 f.). In der überarbeiteten Form werden generell solche Vetospieler absorbiert, deren Hinzufügen keinen Einfluss auf die Größe des *winset* hat. Das betrifft neben Vetospielern mit identischen Präferenzen auch solche, deren Präferenzen zwischen den Idealpunkten der anderen Vetospieler – im Einstimmigkeitskern – liegen (Tsebelis 2000: S.448 ff.). Dies deshalb, da sie aufgrund ihrer Präferenzen jeder Policy-Lösung zustimmen würden, die für die anderen Vetospieler akzeptabel ist. Mit der neuen Absorptionsregel können – wie von Strøm gefordert - sowohl institutionelle als auch parteiliche Vetospieler absorbiert werden, sofern ihre Präferenzen zwischen den Idealpunkten anderer Vetospieler liegen. Die Absorptionsregel gilt jedoch nur unter Tsebelis' wichtiger Annahme, dass es im Verhandlungsprozess der Vetospieler keine Transaktionskosten gibt (Tsebelis 2002: S.29). Bei Auftreten von Transaktionskosten würde das Hinzufügen jedes weiteren Vetospielers zu einem kleineren *winset* führen, da der relative Nutzen einer potentiellen Änderung des Status Quo gegenüber einer Nicht-Änderung durch steigende Transaktionskosten sinkt.

Die Policy-Stabilität steigt beim Hinzufügen eines relevanten Vetospielers, da der Einstimmigkeitskern größer und das *winset* kleiner wird. Sie bleibt gleich beim Hinzufügen nichtrelevanter Vetospieler, die keinen Einfluss auf die Größe des *winset* haben. Die Absorptionsregel entscheidet darüber, ob ein hinzugefügter Vetospieler relevant oder nicht-relevant ist, ob also sein Hinzufügen zu einem kleineren *winset* führt oder das *winset* unverändert bleibt. Tsebelis' Absorptionsregel präzisiert die Aussage, eine zunehmende Anzahl von Vetospielern führe zu potentiell größerer Policy-Stabilität (Tsebelis 2002: S.29). Denn wird ein hinzugefügter Vetospieler nicht absorbiert, führt das Hinzufügen eines Vetospielers per se und nicht nur potentiell zu größerer Policy-Stabilität. Die Hypothese, das Hinzufügen eines Vetospielers erhöhe die Policy-Stabilität, bezeichnet Tsebelis als sein *"‚numerical criterion'"* (Tsebelis 2002: S.25; 230).

Die Identifizierung der Anzahl relevanter Vetospieler erfolgt insgesamt in drei Schritten. In einem ersten Schritt werden die von der Verfassung vorgegebenen institutionellen Vetospieler identifiziert. Im zweiten Schritt werden die Mehrheitsverhältnisse innerhalb der kollektiven institutionellen Vetospieler analysiert. Stellt man fest, dass innerhalb eines dieser kollektiven institutionellen Vetospieler nicht alle Mehrheiten möglich sind, sondern vielmehr nur eine stabile Mehrheit auftritt, wird der kollektive institutionelle Vetospieler durch die relevanten (kollektiven) parteilichen Vetospieler substituiert, die die stabile Mehrheit bilden (Tsebelis 2000: S.447). Im dritten Schritt werden die Präferenzen der Vetospieler betrachtet. Mithilfe von Tsebelis' Absorptionsregel werden solche Vetospieler absorbiert, deren Veto keinen Einfluss auf die Größe des *winset* – also auf die Policy-Stabilität – hat.

2.2.3 Ideologische Distanz von Vetospielern

Der zweite Einflussfaktor der Policy-Stabilität ist die ideologische Distanz beziehungsweise inhaltliche Kongruenz von Vetospielern (Tsebelis 1995: S:308 f.). Mit zunehmender ideologischer Distanz und damit geringerer inhaltlicher Kongruenz erhöht sich die Policy-Stabilität (Tsebelis 2002: S.30 f.). Auch diese Logik wird beim Vergleich der Abbildungen 1 und 3 intuitiv deutlich. Beim Sprung von Abbildung 1 zu 3 hat sich die Anzahl der Vetospieler nicht verändert. Doch sind die Idealpunkte und damit Präferenzen der Vetospieler nun deutlich weiter voneinander entfernt. Dadurch vergrößert sich der Einstimmigkeitskern, gleichzeitig wird das *winset* kleiner und die Policy-Stabilität steigt. Auffällig ist, dass eine zunehmende ideologische Distanz per se die Policy-Stabilität erhöht, dass die Policy-Stabilität also nicht wie bei der Anzahl der Vetospieler nur potentiell erhöht wird. Denn durch zunehmende ideologische Distanz und geringere inhaltliche Kongruenz wird der Bereich zwischen den Idealpunkten der Vetospieler, der Einstimmigkeitskern, automatisch größer, somit steigt die Policy-Stabilität. Die Hypothese zur ideologischen Distanz von Vetospielern gilt unabhängig von der Position des Status Quo. Denn steigt die ideologische Distanz zwischen den Vetospielern, wird der Einstimmigkeitskern und damit die Policy-Stabilität automatisch größer und das *winset* des

Status Quo kleiner. Auch beim Sprung von Abbildung 1 zu Abbildung 3 wurde die Position des Status Quo (SQ1) nicht verändert. Unterschiedliche ideologische Distanzen führen ähnlich wie die unterschiedlich starke Polarisierung in Sartoris Parteiensystemtypologien (Sartori 1976) zu unterschiedlichen Akteurskonstellationen mit jeweils unterschiedlichen Entscheidungslogiken. Das bedeutet jedoch nicht, dass im zwischenstaatlichen Vergleich die Policy-Stabilität in einem System mit ideologisch stark entfernten Vetospielern immer größer ist als in einem Staat mit ideologisch näheren Vetospielern. Denn ist der Status Quo im ersten System weit entfernt von allen Idealpunkten der Vetospieler, im zweiten aber im Einstimmigkeitskern der Vetospieler, ist die Policy-Stabilität im ersten System trotz größerer ideologischer Distanz geringer. Insofern gilt die Hypothese größerer Policy-Stabilität bei größerer ideologischer Distanz – unabhängig von der Position des Status Quo - zunächst lediglich innerhalb eines Staates. Für Vergleiche über Ländergrenzen hinweg gilt sie nach Tsebelis nur unter der Annahme eines *„same range of positions of the status quo"* (Tsebelis 2002: S.31)[34].

Die ideologische Distanz zwischen Vetospielern bildet das zentrale Novum von Tsebelis' Theorie gegenüber alternativen Ansätzen zur Analyse von Vetostrukturen. Auch Immerguts Ansatz zählt Vetopunkte und absorbiert in einer - in der empirischen Anwendung - der Regel von Tsebelis ähnlichen Manier nicht-relevante Punkte (s. Kapitel 2.3). Doch erfassen Immergut und nicht die ideologischen Distanzen oder die inhaltliche Kongruenz von Vetopunkten, -spielern oder *–Gates*.

Tsebelis' Hypothese zur ideologischen Distanz und Kongruenz der Policy-Präferenzen gilt nur unter der Annahme, dass – theoretisch - keine Seitenzahlungen möglich sind. Denn würden solche Seitenzahlungen oder sonstige Deals in die Theorie integriert, wäre prinzipiell jeder Policy-*Output* denkbar und sämtliche theoretische Erwartungen über Policy-Stabilität aufgrund ideologischer Distanzen würden unmöglich (Tsebelis 2002: S.285; Tsebelis 2010: S.9).

---

[34] Tsebelis' Annahme ist insofern ungenau, als er nicht näher erläutert, wann von einem *„same range of positions"* (Tsebelis 2002: S.31) ausgegangen werden darf und wann nicht. Er spricht im Weiteren lediglich von *„similar positions of the status quo"* (Tsebelis 2002: S.31). Diese Ungenauigkeit wurde jedoch auch in der Kritik auf sein 2002 erschienenes Grundlagenwerk nicht aufgenommen oder hinterfragt. Für die vorliegende Analyse soll die Annahme gelten, dass die Stati Quo in der Außenwirtschaftspolitik hinreichend ähnlich zum interstaatlichen Vergleich ideologischer Distanzen zwischen Vetospielern sind.

Abbildung 3: Die ideologische Distanz von Vetospielern

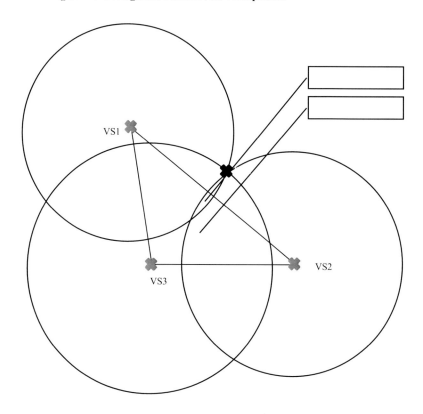

(Quelle: eigene Darstellung)

2.2.4 Interne Kohäsion kollektiver Vetospieler

Der dritte Einflussfaktor der Policy-Stabilität, dessen Wirkung unabhängig von der Position des Status Quo hypothethisiert werden kann, ist die Kohäsion individueller Präferenzen innerhalb der Vetospieler. Bezieht sich der zweite Einflussfaktor – die ideologische Distanz – noch auf die inhaltliche Kongruenz der Präferenzen von verschiedenen Vetospielern, so bezieht sich die Kohäsion auf die Kongruenz der Präferenzen von Akteuren innerhalb der Vetospieler. Kohäsion meint die Homo- beziehungsweise Heterogenität der Präferenzverteilung - die „*similarity of policy positions*" (Tsebelis 1995: S.301) - innerhalb von Vetospielern.

Die Kohäsion interner Präferenzverteilungen von Vetospielern lässt sich sinnvollerweise nur anhand kollektiver Vetospieler untersuchen. Denn die Präferenzordnungen innerhalb eines individuellen Vetospielers sind schon per definitionem extrem beziehungsweise vollkommen homogen. Individuen bestehen nicht aus mehreren Akteuren und verfügen bezogen auf eine Sachfrage oder Policy nicht über mehrere individuelle Präferenzen, die sich ähnlich oder unähnlich sein könnten. Vetospieler mit monolithischen Mehrheiten besitzen - einem Individuum ähnliche - nahezu einheitliche Präferenzen. Eine Untersuchung der internen Kohäsion solcher Vetospieler wäre unscharf beziehungsweise wenig erkenntnisreich.

Kohäsion zielt auf theoretischer Ebene - obwohl empirisch häufig über die Geschlossenheit einer Partei oder Fraktion bei der Abstimmung erfasst – auf etwas anderes als Fraktions- oder Parteiendisziplin ab (Ganghof 2003: S.18 f.; Tsebelis 1995: S.311 f.). Denn Kohäsion meint die Verteilung individueller Präferenzen innerhalb eines kollektiven Vetospielers während sich der Begriff der Fraktions- oder Parteiendisziplin auf die individuelle Bereitschaft bezieht, den Weisungen der *„leaders of the collective player"* (Ganghof 2003: S.18) zu folgen. Das Kriterium der Kohäsion bezeichnet also gewissermaßen die Homogenität der individuellen Präferenzen vor der internen Abstimmung, während die Disziplin die Bereitschaft der Individuen im kollektiven Vetospieler meint, das intern wie auch immer abgestimmte Ergebnis nach der Abstimmung geschlossen zu vertreten.

Tsebelis macht die Wirkung interner Kohäsion auf Policy-Stabilität abhängig von der Entscheidungsregel im kollektiven Vetospieler[35]. Bei einfacher Mehrheitsentscheidung im kollektiven Vetospieler führt eine höhere Kohäsion zu einem kleineren *wincircle* des kollektiven Vetospielers, damit zu einem kleineren *winset* des Status Quo und größerer Policy-Stabilität. Bei qualifiziertem Mehrheitsentscheid im kollektiven Vetospieler führt eine höhere Kohäsion hingegen zu einem größeren *wincircle*, damit zu einem größeren *winset* und weniger Policy-Stabilität.

Im Kriterium der internen Kohäsion kollektiver Vetospieler wird der implizite Mehrebenencharakter der Vetospielertheorie deutlich. So beschreibt das Kriterium der Kohäsion die Homogenität beziehungsweise Heterogenität der Präferenzen von Akteuren innerhalb eines kollektiven Vetospielers. Mitunter können diese Akteure jedoch selbst als kollektive oder individuelle Vetospieler im Entscheidungsprozess auftreten. Der Forscher steht vor der Entschei-

---

[35] Dazu ausführlich Tsebelis 2002: S.45 ff..

dung, ab wann er eine Gruppe von individuellen und/oder kollektiven Akteuren als einen kollektiven Vetospieler begreift. Ganghof beschreibt dieses Problem anschaulich als das Problem der Identifikation relevanter Vetospieler auf der vertikalen Dimension (Ganghof 2003: S.3)[36]. Deutlich wird dies am Beispiel zentralstaatlicher Parteien. In international vergleichenden Untersuchungen werden diese– sofern ihre Zustimmung zur Änderung des Status Quo notwendig ist und falls die Kohäsion überhaupt betrachtet wird – meist als kollektive parteiliche Vetospieler mit dem Kriterium der internen Kohäsion analysiert. Einstweilen nicht unplausibel erscheint es jedoch, Akteure innerhalb der Parteien als kollektive oder/und individuelle Vetospieler zu modellieren und gewissermaßen die Betrachtung der Kohäsion um eine vertikale Ebene nach unten zu verlagern.

So gliedert sich zum Beispiel der organisatorische Aufbau von Parteien in föderal verfassten Regierungssystemen wie der Bundesrepublik entlang deren föderaler Struktur. Parteiinterne Landes-, Bezirks- und sogar Kreisverbände haben nicht nur auf Bundesparteitagen einen bedeutenden Einfluss auf den zentralstaatlichen Entscheidungsprozess. Vielmehr können Landesverbände die von der Bundespartei präferierten Reformbeschlüsse durch internen Druck und ein eventuell angemahntes Veto auf dem folgenden Parteitag blockieren. So würden sie gewissermaßen als innerparteiliche Vetospieler auftreten[37]. Die personelle Verflechtung von Landes- und Bundespartei - durch Landesvorsitzende im Bundesvorstand und die ihren Landesverbänden verbundenen Landesgruppen der Abgeordneten im Deutschen Bundestag - eröffnet den föderalen Parteigliederungen weitere Möglichkeiten der Einflussnahme im zentralstaatlichen Entscheidungsprozess. Die innerparteilichen Gruppierungen der CDU während der 1980er Jahre – vor allem die Christlich-Demokratische Arbeitnehmerschaft (CDA) unter Führung von Norbert Blüm - bieten eine ebenso interessante Abbildung möglicher innerparteilicher Vetospieler (ausführlicher Zohlnhöfer 2001: S.42 ff.).

---

[36] Davon unterscheidet er das Problem der Identifikation relevanter Vetospieler auf der horizontalen Dimension (Ganghof 2003: S.3). Also etwa die Frage, ob ein Verfassungsgericht oder eine Notenbank als relevante Vetospieler gezählt werden sollen oder nicht.

[37] Dem Autor ist bewusst, dass Tsebelis' eindeutige Abgrenzung eines Vetospielers im vorliegenden Beispiel aufgeweicht wird, da die Zustimmung föderaler Parteigliederungen und anderer innerparteilicher Gruppierungen außerhalb von Parteitagen formell nicht notwendig ist. Jedoch könnte die Vetoposition der innerparteilichen Akteure, ähnlich der eines Verfassungsgerichts (s. Kapitel 2.1.4), durch die Annahme eines durch die Bundespartei antizipierten Vetos modelliert werden. Rudzio spricht in diesem Zusammenhang auch vom *„Prinzip der antizipierten Reaktion"* (Rudzio 2006: S.151).

Inwiefern einzelne Landesverbände oder andere innerparteiliche Gruppierungen tatsächlich als eigenständige kollektive Vetospieler modelliert werden können beziehungsweise ob und in welchem Ausmaß die Präferenzen dieser nicht wiederum durch nachgeordnete Organisationen geprägt werden, kann ohne Betrachtung einer spezifischen Sachfrage nicht sinnvoll beantwortet werden. So bleibt die Frage darüber, auf welcher Ebene die Kohäsion kollektiver Vetospieler und nicht mehr die Kongruenz zwischen kollektiven und/oder individuellen Vetospieler analysiert werden soll, eine empirische, deren Beantwortung dem Erkenntnisinteresse des Forschers überlassen ist. Letztlich bleibt die Entscheidung, ähnlich der des Einbezugs zusätzlicher Vetospieler, abhängig von der betrachteten Policy sowie vor allem dem Forschungsdesign der angestrebten Untersuchung.

Für die theoretische Analyse ist vielmehr von Bedeutung, dass Tsebelis' Konstrukt der internen Kohäsion kollektiver Vetospieler nicht auf die zunächst offensichtlich beteiligten Akteure beschränkt sein muss, sondern dem Untersuchungskontext variabel angepasst werden kann und sollte. Entscheidungen für oder wider den Einbezug einer weiteren vertikalen Ebene sollten vom Forscher jedoch explizit gemacht werden.

Doch bleibt die Entscheidung über die Analyse jedweder Kohäsion letztlich auch abhängig von der Ergiebigkeit verfügbarer Daten. Die für die vorliegende Analyse verfügbaren Daten erfassen allesamt keine Kohäsion kollektiver Vetospieler. So muss der eventuelle Zusammenhang von – je nach interner Entscheidungsregel –hoher interner Kohäsion und Policy-Stabilität auf die theoretische Herleitung beschränkt bleiben. Hypothetisiert oder gar empirisch überprüft werden kann er nicht.

2.3 Alternative Ansätze zur Analyse von Vetostrukturen

Neben der Vetospielertheorie von George Tsebelis unternehmen auch andere Ansätze den Versuch, Entscheidungsprozesse und Vetostrukturen in verschiedensten Systemen entlang eines Instruments zu vergleichen. Am prominentesten wohl Ellen M. Immergut, die in ihrem Aufsatz und ihrer Monographie im Jahr 1992 - vor Tsebelis' Aufsatz zur Vetospielertheorie 1995 - legislative Prozesse in der Gesundheitspolitik Frankreichs, Schwedens und der Schweiz mit dem Instrument der Vetopunkte untersucht (Immergut 1992a; Immergut 1992b). Vetopunkte entstehen aus der *„interaction of constitutional rules and political results"* (Immergut 2010: S.232). Dabei ist – analog Tsebelis' Definition institutioneller Vetospieler – entscheidend, ob ein Punkt verfassungsrechtlich qualifiziert ist, ein Veto einzulegen, ob also dessen Zustimmung formal notwendig ist. Mit politischen Ergebnissen meint Immergut in der Folge vor allem Wahlergebnisse, die dafür sorgen, dass die Anzahl an Vetopunkten in einem politischen System steigt oder sinkt. So wird eine zweite Parlamentskammer – die per Verfassung legitimiert ist, ein Veto einzulegen - in parlamentarischen Systemen nur dann zum Vetopunkt, wenn deren Mehrheiten von der Regierungsmehrheit in der ersten Parlamentskammer abweichen. Immergut spricht von potentiellen und relevanten Vetopunkten (Immergut 2010: S.232).

Shugart/Haggard untersuchen ähnlich wie Immergut Institutionen, deren Zustimmung per Verfassung zur Änderung des Status Quo notwendig ist (Shugart/Haggard 2001). Solche Institutionen heißen bei Shugart/Haggard *Veto-Gates*. Allerdings betrachten die Autoren keine parteipolitische Kontrolle ihrer *Veto-Gates*. Sie unterscheiden – anders als Immergut - nicht zwischen potentiellen und relevanten *Veto-Gates*, es findet keine Absorption nicht-relevanter *Veto-Gates* statt (Hallerberg 2010: S.26).

Gemeinsam ist diesen Ansätzen wie der Theorie von George Tsebelis, dass Entscheidungsprozesse in strukturell verschiedenen Regierungs-, Partei- und Wahlsystemen mithilfe eines für alle Systeme gleichen Instruments - seien es Vetopunkte, *Veto-Gates* oder Vetospieler – analysiert werden können.

Doch anders als Tsebelis' Vetospieler sind die *Veto-Gates* bei Shugart/Haggard oder Immerguts Vetopunkte nur durch die Verfassung vorgegeben. Sie entsprechen in ihrer Herleitung über die Verfassung eines Staates Tsebelis' institutionellen Vetospielern. *„ 'Institutional veto players' are roughly equivalent to ‚veto points'"* (Immergut/Anderson 2007: S.7) und *„Veto points are essentially the institutional veto players"* (Immergut 2010: S.232). Tsebelis betrachtet neben diesen institutionellen auch parteiliche Vetospieler (s. Kapitel 2.1.2). Relevante Vetospieler, die innerhalb institutioneller Vetospieler agieren. Das Paradebeispiel parteilicher Vetospieler bei Tsebelis sind Koalitionspartner einer Mehr-Parteien-Regierung in parlamentarischen Systemen. Der/Die Koalitionspartner muss/müssen einer legislativen Änderung des Status Quo zustimmen, da die parlamentarische Mehrheit sonst nicht gesichert sein kann beziehungsweise – im Falle einer übergroßen Regierungskoalition – die Regierungskoalition zerbricht. Wird aus einer Zwei- eine Drei-Parteien-Koalition, so ist die Struktur des Entscheidungsprozesses grundlegend verschieden. Es müssen potentiell mehr Konzessionen gemacht werden, da nun nicht mehr nur zwei sondern drei Akteure – parteiliche Vetospieler - einer Änderung des Status Quo zustimmen müssen. Diese Veränderung des Entscheidungsprozesses geht bei der Betrachtung von *Veto-Gates* oder Immerguts Vetopunkten verloren. Die Anzahl der Vetopunkte bliebe auch beim Sprung von einer Drei- zu einer Vier-Parteienregierung weiterhin gleich, während sich die Anzahl der – parteilichen - Vetospieler erhöht. Akteure innerhalb ihrer Vetopunkte dienen Immergut lediglich dazu, potentielle aber nicht relevante Vetopunkte zu absorbieren.

Neben der Herleitung von potentiellen Vetopunkten und institutionellen Vetospielern über die Verfassung eines Staates unterscheiden Immergut und Tsebelis durch die Bestimmung der parteipolitischen Mehrheiten, ob es sich um relevante Vetopunkte beziehungsweise –spieler handelt. Beide betrachten zur Systematisierung auch dynamischere politische Gegebenheiten jenseits der eher statischen verfassungsrechtlichen Rahmenbedingungen. Doch anders als bei Immergut erfolgt die Absorption potentieller aber nicht relevanter institutioneller Vetospieler bei Tsebelis nur vordergründig über die parteipolitische Zusammensetzung. Denn im Unterschied zu Immergut orientiert sich Tsebelis' Absorptionsregel an den Policy-Präferenzen der Vetospieler (s. Kapitel 2.2.2.1). Die parteipolitische Zusammensetzung dient – vor allem in der empirischen Anwendung der Theorie – nur als Proxy für die Policy-Präferenzen der Akteure. So können bei Tsebelis zumindest theoretisch auch institutionelle Vetospieler mit gegenläufigen Mehrheiten absorbiert werden, sofern ihre Policy-Präferenzen denen der Regierung entsprechen. Der gleichen Logik folgend können institutionelle Vetospieler trotz gleichgerichteter Mehrheitsverhältnisse relevante Vetospieler bleiben, sofern ihre Policy-Präferenzen von denen der Regierung abweichen[38].

Der fundamentale Unterschied zwischen Vetopunkt-Ansätzen oder alternativen Ansätzen zur Analyse von Vetostrukturen und der Vetospielertheorie von George Tsebelis liegt in der theoretischen Modellierung von Präferenzen. Immerguts Vetopunkte blockieren, anders als Vetospieler bei Tsebelis, nicht abhängig von ihren Präferenzen – die sie ja nicht haben – potentiell die Legislative, vielmehr können Vetopunkte von Gegnern eines legislativen Vorhabens genutzt werden, um dieses zu blockieren (Immergut 2010: S.232). Immerguts Vetopunkte sind *„präferenzfreie Institutionen"* (Hönnige 2011: S.264) während Tsebelis' Vetospielertheorie gerade das *„präferenzgetriebene[s] Handeln"* (Hönnige 2011: S.264) der Vetospieler in den Fokus nimmt. In Tsebelis' Theorie sind die mit Policy-Präferenzen ausgestatteten Vetospieler

---

[38] Beziehungsweise ihre Präferenzen (nicht) zwischen den Präferenzen anderer Vetospieler - im Einstimmigkeitskern - liegen (s. Kapitel 2.2.2.1).

die zentralen Akteure während Immerguts Untersuchung der Gesundheitspolitik Interessengruppen und deren Einflussmöglichkeiten im Entscheidungsprozess ins Zentrum der Analyse stellt. Tsebelis geht über das numerische Kriterium der Anzahl an Vetospielern oder –punkten oder –*Gates* hinaus. Er theoretisiert einen Status Quo, modelliert die Präferenzen der Vetospieler um selbigen und gibt durch die Größe des entstandenen *winset* die Stabilität einer bestimmten Policy an. Durch die Modellierung von Policy-Präferenzen wird Tsebelis' Theorie deutlich komplexer als alternative Ansätze (Jahn 2010: S.65). Die potentielle Erklärungskraft der Theorie steigt durch das Erfassen inhaltlicher Präferenzen jenseits des rein numerischen Kriteriums deutlich an.

Gleichzeitig steigen mit der Modellierung von Policy-Präferenzen und der erhöhten Komplexität auch die Schwierigkeiten bei der Operationalisierung. Dies spiegelt sich nicht zuletzt in der ausführlichen Kritik an den Operationalisierungsversuchen von Tsebelis und anderen (Ganghof 2003; Jahn 2010). Auch die Theorie selbst war Ziel von Kritik und Erweiterungsvorschlägen.

2.4 Kritik an der Vetospielertheorie

Tsebelis betrachtet zur Modellierung seiner Vetospieler neben der eher statischen *polity*-Dimension auch die dynamischere *politics*-Dimension (Stoiber 2007: S.126). Er verknüpft die *polity*-Dimension institutioneller Vetospieler mit der *politics*-Dimension parteilicher Vetospieler. Mehr noch, er setzt durch seine Zählregeln sogar beide in ihrer Wirkung auf Policy-Stabilität gleich. Dies wurde und wird in der Literatur kritisiert, am prominentesten wohl Kaare Strøm (2000). Strøm unterscheidet zwischen Motiv und Möglichkeit eines Veto. Institutionelle Vetospieler hätten per definitionem die Möglichkeit eines Veto, könnten aber kein Motiv haben, dieses auch einzusetzen. Parteiliche Vetospieler hingegen könnten ein Motiv haben, gegen einen Regierungsentwurf ein Veto einzulegen, müssten aber nicht notwendigerweise auch die Möglichkeit haben, dies zu tun. Für Strøm folgt daraus, dass nach Tsebelis' Absorptionsregel – er bezieht sich auf die Regel in der Form von 1995 (s. Kapitel 2.2.2.1) – parteiliche Vetospieler, die zwar ein Motiv aber keine Möglichkeit hätten, ein Veto einzulegen, ähnlich den institutionellen Vetospielern mit Möglichkeit aber ohne Motiv, absorbiert werden sollten (Strøm 2000: S.280).

Tsebelis antwortet auf die Kritik Strøms in zweierlei Hinsicht. Er verändert erstens seine Absorptionsregel, sodass jeder Vetospieler absorbiert wird, der keinen Einfluss auf die Größe des *winset* hat. Daraus folgt, dass es keinen Unterschied mehr macht, *„if the players absorbed are institutional or partisan"* (Tsebelis 2002: S.86; s. Kapitel 2.2.2.1). Doch werden Vetospieler nur aufgrund fehlenden Motivs, nicht aufgrund fehlender Vetomöglichkeit, absorbiert. Denn zweitens hält Tsebelis Strøms Einwand, parteiliche Vetospieler könnten keine Möglichkeit haben, ein Veto einzusetzen, für eine *„too severe [...] restriction"* (Tsebelis 2002: S.89). Parteiliche Vetospieler hätten selbst in übergroßen Mehrheits- oder Minderheitsregierungen parlamentarischer Systeme die Möglichkeit eines Vetos. Regierungsbeteiligung ist eine hinreichende Bedingung, parteipolitische Akteure als parteiliche Vetospieler zu werten (Tsebelis 2002: S.89; s. Kapitel 2.1.2).

Eine Stärke der Vetospielertheorie – im Vergleich zu alternativen Ansätzen zur Analyse von Vetostrukturen - ist die Modellierung von Policy-Präferenzen. Die Erfassung von Policy-Präferenzen dient der Absorption nicht-relevanter Vetospieler sowie der Erfassung ideologischer Distanzen zwischen relevanten Vetospielern. So wird eine – im Vergleich zur reinen Aufzählung relevanter Vetospieler - sehr viel ergiebigere Vorhersage über das Potential für Policy-Wandel und damit genauere Analyse der Vetostrukturen möglich. Doch wird Tsebelis' implizite Konzentration auf reine Policy-Präferenzen seiner Vetospieler vielfach kritisiert (Ganghof 2003; Wagschal 2005; 2009; Zohlnhöfer 2003b). Denn das Veto eines Akteurs sei nicht nur inhaltlich durch unterschiedliche Policy-Zielsetzungen motiviert. Vielmehr sei das Handeln der Vetospieler als politische Akteure immer auch von strategischen Präferenzen bestimmt.

Vetospieler könnten einer Policy-Änderung - obwohl hinsichtlich ihrer Policy-Präferenzen dem Status Quo überlegen – die Zustimmung verweigern, sofern sie sich aufgrund strategischer Präferenzen einen Vorteil von der Nicht-Änderung versprechen, und zwar, da legislative Erfolge und Misserfolge in der Wählergunst meist der Regierung zugeschrieben werden. So könnte eine von der Opposition kontrollierte Parlamentskammer einem Regierungsentwurf – trotz inhaltlicher Überschneidungen - die Zustimmung verweigern und der Regierung in der Folge die Verantwortung für das Fortbestehen eines negativ wahrgenommenen Status Quo zuschreiben. Wagschal nennt solche von strategisch gegen eine Einigung stehenden Präferenzen getriebene Vetospieler *„kompetitive[n] Vetospieler[n]"* (Wagschal 2005: S.166). Das Handeln kompetitiver Vetospieler sei – ihrem Namen entsprechend – neben inhaltlichen Motiven von strategischen Motiven des Wettbewerbs gegeneinander getrieben.

Demgegenüber stehen konsensuale Vetospieler. Konsensuale Vetospieler könnten einer Policy-Änderung – obwohl hinsichtlich ihrer Policy-Präferenzen dem Status Quo unterlegen – zustimmen, falls sie sich aufgrund ihrer strategischen Präferenzen einen Vorteil von der Änderung des Status Quo versprechen. Dies gilt etwa für Regierungspartner in Koalitionsregierungen, da Regierungsparteien aufgrund der wahrgenommenen Fähigkeit zum *„‚getting things done'"* (Ganghof 2003: S.15) von einem legislativen Erfolg bei der nächsten Wahl profitieren, mindestens aber deshalb, da eine legislative Nicht-Einigung als Misserfolg negativ auf sie zurückfallen würde. Auch konsensuale Vetospieler sind also nicht frei von strategischen Präferenzen. Verglichen mit kompetitiven Vetospielern wirken ihre strategischen Präferenzen allerdings in die entgegengesetzte Richtung. Politikänderungen sind – bei gleicher Position des Status Quo - zwischen konsensualen Vetospielern aufgrund weniger *„Wettbewerbsgrad und Konfliktintensität"* (Wagschal 2005: S.166) wahrscheinlicher als zwischen kompetitiven Vetospielern.

Auch Birchfield/Crepaz betonen die Bedeutung strategischer oder situativer Interessen, wenn sie in ihrer Untersuchung zwischen *„‚competitive'"* (Birchfield/Crepaz 1998: S.181) und *„‚collective veto points'"* (Birchfield/Crepaz 1998: S.181) unterscheiden.

Die Kritik an der Modellierung reiner Policy-Präferenzen ist jedoch kein Grund zur Ablehnung von Tsebelis' theoretischen Bestimmungen. Vielmehr können strategische oder situative Präferenzen relativ leicht in das theoretische Konstrukt integriert werden. Etwa durch Ganghofs *„sacrifice ratio"* (Ganghof 2003: S.16). Dies würde, wie von Ganghof dargestellt, dazu führen, dass die Vetospieler theoretisch nicht mehr jeder Policy-Änderung zustimmen, die ihren Policy-Präferenzen entspricht, sondern nur noch solchen Policy-Änderungen, die sowohl mit ihren Policy-Präferenzen als auch mit ihren Erwartungen über *„electoral losses"* (Ganghof 2003: S.16) einer Einigung beziehungsweise Nicht-Einigung kompatibel sind (Ganghof 2003: S.16 f.) [39].

---

[39] Doch auch wenn sich strategische Präferenzen relativ leicht in die Theorie integrieren lassen, ist ihre empirische Messung deutlich schwieriger. Der in der späteren Analyse verwendete *Index of Political Constraints* von Henisz erfasst weder explizit Tsebelis' Policy-Präferenzen noch die von Ganghof und anderen zusätzlich vorgeschlagenen strategischen Präferenzen. Vielmehr leitet der Index die möglichen Präferenzen relevanter Vetospieler hypothetisch her. Der CHECKS betrachtet relevante Vetospieler und misst deren Policy-Präferenzen. Der POLARIZ betrachtet die maximale ideologische Distanz der Vetospieler. Doch erfasst keine der Variablen explizit strategische Präferenzen. So kann die hier beschriebene Kritik inklusive der Erweiterungsvorschläge empirisch nicht überprüft werden.

3 Das Politikfeld

Die Außenwirtschaftspolitik steht im Zentrum des Globalisierungsdiskurses. Ihre Ausgestaltung beeinflusst direkt die Wettbewerbsfähigkeit der Wirtschaftsstandorte im globalen Wettbewerb. Sie ist ein von Wettbewerb und Deregulierungsimperativ stark funktionalistisch geprägtes Politikfeld und damit der in der Einleitung angesprochene harte Fall für die Erklärungskraft der Theorie von George Tsebelis. Globalisierungsdruck kann den Entscheidungsspielraum der handelnden Eliten faktisch einschränken und dazu führen, dass zum Beispiel Policies von Abschottung und Regulierung mit anderen Kosten-Nutzen-Relationen als im Zustand geschlossener Wirtschaftsräume verbunden sind. Doch kann von starken funktionalistischen Einflüssen nicht auf eine Automatismusvorstellung im Sinne wenig relevanter nationaler Kontexte geschlossen werden. Eine solche Automatismusvorstellung ist theoretisch unterkomplex. Einleuchtend ist vielmehr, dass *„Globalisierungszwänge [...] keineswegs automatisch zu wirtschafts- und sozialpolitischen Kurskorrekturen führen"* (Zohlnhöfer 2003a: S.61). Denn Globalisierungsdruck muss zunächst einmal von den politischen Entscheidungsträgern als solcher erkannt werden. Zudem wirkt Globalisierung aufgrund unterschiedlicher Ausgangsniveaus und Anpassungserfordernissen nicht zu allen Zeitpunkten und auf alle Staaten in gleicher Richtung und Intensität.

Letztendlich bleiben auch Entscheidungsprozesse in stark funktionalistisch geprägten Politikfeldern wie der Außenwirtschaftspolitik – die in der vorliegenden Analyse nicht betrachteten Mitgliedstaaten der Europäischen Union einmal ausgenommen - nationale Entscheidungsprozesse und so gilt, dass zwischen Globalisierungsdruck und finaler Politik immer *„die Vermittlung durch den politischen Prozess"* (Zohlnhöfer 2003a: S.61) und damit auch die Erklärungskraft des politisch-institutionellen Kontextes steht.

3.1 Traditionelle Determinanten der Außenwirtschaftspolitik

Die Literatur zu Determinanten der Außenwirtschaftspolitik gliedert sich entlang zweier Theorieströmungen, einer strukturalistischen und einer politökonomischen Betrachtungsweise (Martin 2005: S.29 ff.).

Strukturalistische Theorien betonen zur Erklärung nationaler Außenwirtschaftsorientierung die Rolle des internationalen Kontextes. Sie analysieren die Handelsbeziehungen zwischen Staaten beziehungsweise das System, in dessen Rahmen Staaten miteinander handeln. Theorien wie zum Beispiel die *dependencia* (U.a. Diaz Alejandro 2000: S.15 ff.) betten die Außenwirtschaftspolitik von Staaten explizit in den Kontext ihrer außenwirtschaftlichen Abhängigkeiten ein, andere heben die Notwendigkeit einer hegemonialen Macht für die Stabilität des Handelssystems in der sonst anarchischen Struktur internationalen Handels hervor (Gilpin 1987; Kindleberger 1973). Doch bleiben strukturalistische Ansätze unterkomplex, da sie – ähnlich einer funktionalistischen Automatismusvorstellung – den Spielraum innerstaatlicher Akteure ausblenden.

Politökonomische Theorien zur Außenwirtschaftspolitik fokussieren hingegen die Interaktion *„rationaler nutzenmaximierender Akteure"* (Martin 2005: S.33), die versuchen, ihre Interessen auf nationaler Ebene durchzusetzen. Sie berücksichtigen externe Einflüsse wie zum Beispiel die Rolle des IWF in den Reformbemühungen von Entwicklungsländern, doch bewerten sie diese Einflüsse stets mit Blick auf die innerstaatliche Entscheidungsarena. In der politökonomischen Betrachtungsweise ist die Außenwirtschaftspolitik eines Staates Ausdruck innerstaatlichen Wettbewerbs zwischen Interessengruppen. Dabei werden auch Politiker als rationale, allein am Machterhalt interessierte Akteure modelliert. Die Politik bedient mit ihren Regulierungen die außenwirtschaftlichen Interessen derjenigen, die im Gegenzug ihren Amtserhalt sichern. Die Außenwirtschaftspolitik eher autokratisch regierter Systeme bedient mit ihren Regulierungsvorschriften Partikularinteressen einer Elite, deren Wohlwollen den politischen Machterhalt sichert. Mit steigender Demokratisierung und damit steigender Anzahl an Personen, deren Zustimmung zum Machterhalt erforderlich ist, sinkt die Bedeutung von Partikularinteressen, da deren Befriedigung allein nicht mehr den Fortbestand der Regierung gewährleistet[40]. Vielmehr dienen nun die in Wahlen ausgedrückten Präferenzen einer Mehrheit der Bevölkerung als Richtschnur der Außenwirtschaftspolitik.

Mit dem Bedeutungsverlust von Partikularinteressen und steigender Anzahl an Personen, die *„über die Politik zu bestimmen haben"* (Martin 2005: S:49), erwartet Martin eine liberalere Außenwirtschaftspolitik, da die Mehrheit der Bevölkerung als Konsument von Preissenkungen infolge außenwirtschaftlicher Öffnung profitiert. Dies entspricht in etwa dem in anderen Untersuchungen postulierten Zusammenhang von außenwirtschaftlicher Öffnung und Demokratie (Milner 1999; Mansfield et al. 2000;): Demokratisch verfasste Staaten verfolgen eine tendenziell liberale Außenwirtschaftspolitik während autokratisch verfasste Systeme ihre na-

---

[40] Sehr viel ausführlicher Martin 2005: S.33 ff..

tionalen Volkswirtschaften eher abschotten[41]. Die durch diese Untersuchungen indizierte Erklärungskraft politisch-institutionalistischer Variablen für die Außenwirtschaftspolitik von Entwicklungs-, Schwellen- und Industrieländern kann für die vorliegende Analyse nur ermutigend sein. Doch sollen die Argumente dieser Untersuchungen nicht zur Hypothesenbildung der vorliegenden Analyse dienen. Die vorliegende Analyse interessiert sich wie dargestellt nicht für das Maß an Offenheit oder Geschlossenheit von Volkswirtschaften, sondern für Policy-Stabilität und Reformprozesse in der Außenwirtschaftspolitik. Interessant wäre also zum Beispiel, ob Demokratien eine stabilere Außenwirtschaftspolitik verfolgen als Autokratien, da autokratische Regierungssysteme zunächst einmal intuitiv durch die Existenz weniger oder nur eines Vetospieler(s) gekennzeichnet sind und das Potential für Policy-Wandel nach Tsebelis in diesen Systemen weitaus größer erwartet werden darf.

4 Die Hypothesen

Wie bereits im Theoriekapitel erwähnt, können Tsebelis' theoretische Erwartungen über einen empirischen Zusammenhang zwischen interner Kohäsion der Vetospieler und – abhängig von der Entscheidungsregel – Policy-Stabilität aufgrund mangelnder Daten nicht überprüft werden. Übrig bleiben zwei andere Einflussfaktoren, deren Wirkung unabhängig von der Position des Status Quo hypothesiert werden kann: Die Anzahl sowie ideologische Distanz beziehungsweise inhaltliche Kongruenz der Vetospieler (s. Kapitel 2.2.2 und Kapitel 2.2.3).

Streng betrachtet bezieht sich Tsebelis' Hypothese zur Anzahl der Vetospieler allein auf *„the addition of a new veto player"* (Tsebelis 2002: S:25) und erlaubt keine Vorhersagen aufgrund einer großen oder kleinen Anzahl an Akteuren. Gerade der interstaatliche Vergleich von Vetospielerkonstellationen, der ja das Zentrum der vorliegenden Analyse bildet, wäre so jedoch nicht möglich. Lediglich eine Analyse des *„same political system over time"* (Tsebelis 2002: S.25) wäre durch die theoretischen Formulierungen gedeckt.

---

[41] Dieses Postulat gilt nicht absolut, da Demokratie keine hinreichende oder notwendige Bedingung außenwirtschaftlicher Offenheit ist. Indien kann trotz demokratischer Staatsordnung bis heute nicht als wirtschaftlich offene Volkswirtschaft betrachtet werden. Chile begann schon unter Pinochets Militärdiktatur, sich als eines der ersten Entwicklungsländer in den Weltmarkt zu integrieren. Doch sprechen Martin und andere von einem *„positiven Zusammenhang[s] zwischen Demokratie und außenwirtschaftlicher Offenheit"* (Martin 2005: S.16). Der interessierte Leser sei auf Martin 2005: S.21 ff. verwiesen.

Tsebelis selbst weicht sein restriktives Operationalisierungsgebot jedoch auf, indem er erstens davon spricht, dass interstaatliche Vergleiche nur „*usually*" (Tsebelis 2002: S.25) nicht erlaubt seien und er zweitens selbst in späteren Aufsätzen keine Kritik an den Operationalisierungen seiner Theorie im interstaatlichen Vergleich übt (Tsebelis 2010). Letztendlich formuliert Tsebelis sein theoretisches Postulat als generelle Erwartung steigender Policy-Stabilität bei größerer Anzahl und größerer ideologischer Distanz. Tsebelis selbst: „*Policy stability increases in general with the number of veto players and with their distances*" (Tsebelis 2002: S.37). Durch diese Formulierung ist der interstaatliche Vergleich der Anzahl und ideologischen Distanz gedeckt[42].

Tsebelis' Theorie formuliert – abgesehen von den Annahmen nicht vorhandener Transaktionskosten und nicht möglicher Seitenzahlungen - keine Antezedenzbedingungen, unter denen seine theoretischen Erwartungen gelten.

Insgesamt folgt also Hypothese H1:

H1: Je größer die Anzahl und ideologische Distanz relevanter Vetospieler, desto größer die Policy-Stabilität in der Außenwirtschaftspolitik[43].

Anzahl und ideologische Distanz von Vetospielern müssen aufgrund von Datenerfordernissen gemeinsam in einer Hypothese analysiert werden. Sowohl POLCONIII, POLCONV als auch CHECKS untersuchen neben der Anzahl relevanter Akteure auch den Einfluss von Präferenzen und inhaltlicher Kongruenz. Beide Einflüsse lassen sich im finalen Indikator nicht voneinander trennen, sodass die theoretischen Größen von Anzahl und Kongruenz in einer Hypothese zusammengefasst sind. Das bedeutet auch, dass die zusammengefasste Hypothese H1

---

[42] Nichtsdestotrotz wurden für die empirische Analyse ebenfalls Veränderungsvariablen der Indizes gebildet, um die Robustheit gemessener Effekte zu überprüfen. Auch diese Operationalisierung ist nicht ganz fehlerfrei, da die Vetospielerindizes der Analyse neben der Anzahl auch die inhaltliche Kongruenz der Akteure erfassen (s. Kapitel 5.2.1 und H1). Tsebelis' Hypothese zur ideologischen Distanz gilt jedoch absolut und nicht nur für zunehmende Distanzen oder abnehmende Kongruenzen. Im Endeffekt bleibt die Entscheidung für oder wider Niveau- vs. Veränderungsvariablen eine Entscheidung des Forschers. Nach gründlicher Abwägung der Vor- und Nachteile entscheidet sich der Autor für die Operationalisierung mithilfe von Niveauvariablen der Vetospielerindizes. Auch Tsebelis' hier zitierte generelle Erwartung über steigende Policy-Stabilität bei größerer Anzahl und Distanz ermutigt zu dieser Operationalisierung.

[43] Relevante Vetospieler meint in diesem Zusammenhang, wie für die Hypothese H2 und im Theoriekapitel, nicht absorbierte Vetospieler.

nun nicht mehr – wie für eine Hypothese aufgrund der reinen Anzahl an Vetospielern notwendig – potentiell sondern per se höhere Policy-Stabilität postuliert, da der Zusammenhang zwischen ideologischer Distanz und Policy-Stabilität unter der Annahme hinreichend ähnlicher Stati Quo (s.u.) wie dargelegt nicht potentiell, sondern per se formuliert ist. Der Einstimmigkeitskern und damit die Policy-Stabilität ist bei größerer ideologischer Distanz automatisch größer als bei geringerer ideologischer Distanz.

Doch kann und soll Tsebelis' zentrale Hypothese – die Policy-Stabilität steigt mit größerer ideologischer Distanz der Vetospieler – zusätzlich separat überprüft werden. Der POLARIZ-Index aus der *Database of Political Institutions* (Beck et al. 2001) erfasst allein die (maximale) ideologische Distanz der Vetospieler. Mithilfe dieser Operationalisierung soll Tsebelis' Hypothese zur ideologischen Distanz beziehungsweise inhaltlicher Kongruenz separat überprüft werden.

Es folgt Hypothese H2:

H2: Je größer die ideologische Distanz relevanter Vetospieler, desto größer die Policy-Stabilität in der Außenwirtschaftspolitik.

Angenommen wird, dass die Stati Quo in der Außenwirtschaftspolitik hinreichend ähnlich zum interstaatlichen Vergleich ideologischer Distanzen zwischen Vetospielern sind (s. Kapitel 2.2.3). Es wird also theoretisch erwartet, dass die Policy-Stabilität etwa in Staaten mit Regierungskoalitionen aus kommunistischen und wirtschaftsliberalen Parteien, unabhängig vom Status Quo, größer ist als in Ländern mit Regierungskoalitionen aus zum Beispiel konservativen und wirtschaftsliberalen Parteien.

5 Forschungsdesign

In diesem Kapitel soll das Forschungsdesign der vorliegenden Analyse jenseits den in der Einleitung angesprochenen konzeptionellen Überlegungen präzisiert werden. Insbesondere geht es dabei um eine kurze Erläuterung zur Fallauswahl, zu Stärken und Schwächen der verschiedenen Operationalisierungen, eine kurze Darstellung der Kontrollvariablen sowie eine Begründung für die Wahl der statistischen Methode. Die Ergebnisse der statistischen Analysen sollen in Kapitel 6 betrachtet werden.

5.1 Fallauswahl

Die Grundgesamtheit der vorliegenden Analyse sind die von der Liste des Entwicklungshilfeausschusses der OECD ausgewiesenen Entwicklungs- und Schwellenländer mit einem Bruttonationaleinkommen von weniger als $10.065 pro Kopf/Jahr in 2004. Das bedeutet, dass man für die Auswahl des Ländersamples in Anbetracht wirtschaftlicher Indikatoren ein *Most similar cases design* – trotz immer noch vorhandener Varianz wirtschaftlicher Indikatoren, auf jeden Fall aber kein *Most dissimilar cases design* - vermuten könnte. Allerdings relativiert sich diese Vermutung bei der späteren Betrachtung der für die Untersuchung relevanten unabhängigen Variable(-n), da die Staaten im Ländersample X-seitig – also bezogen auf ihre Vetospielerkonstellationen – weder besonders homo- noch heterogen sind.

Das Ländersample umfasst – mit Ausnahme derer, für die keine Daten vorliegen – alle Entwicklungs- und Schwellenländer, die im Jahr 2006 auf der Liste des *Development Assistance Committee* der OECD stehen. Es werden keine Länder bewusst ausgeschlossen oder besonders gewichtet. Von einem „*Auswahlbias*" (Hönnige 2007, S.223) kann in jedem Fall keine Rede sein.

Der Untersuchungszeitraum beginnt 1990 mit dem Ende des Kalten Krieges und schließt den Höhepunkt der „*new wave of globalization*" (Collier/David 2002: S.31) mit ein.

Viele Entwicklungs- und Schwellenländer waren zu Zeiten des Kalten Krieges im Blocksystem der Supermächte verankert. Für diese Staaten – zum Beispiel Ägypten, Angola, Äthiopien, Vietnam nach 1975 und viele mehr - war eine außenwirtschaftliche Abschottung gegenüber dem jeweils anderen Block im Blocksystem des Kalten Krieges eine durchaus attraktive, zudem von Moskau beziehungsweise Washington belohnte, Option in der Außenwirtschaftspolitik. Diese Option der Abschottung ist mit dem Zusammenbruch der UdSSR und dem damit verbundenen Wegfall des traditionellen Blocksystems allerdings mit ungemein höheren

Kosten verbunden. So standen die Regierungen seit 1990 unter großem Druck, sich den internationalen Handelsströmen zu öffnen. Mit Ausnahme einiger autokratischer Regime in zum Beispiel Nordkorea oder Kuba führte dieser Druck dazu, dass die Öffnung nationaler Märkte zur prädominanten Strategie wurde (Martin/Schneider 2007: S.449 f.). Für diese Staaten gilt also, dass der in der Einleitung beschriebene Globalisierungsdruck für die Außenwirtschaftspolitik im Untersuchungszeitraum in noch viel stärkerem Ausmaß wirkt, da ihr Ausgangsniveau außenwirtschaftlicher Regulierung zu Beginn des Untersuchungszeitraums ungemein hoch erwartet wird.

Neben der Erwartung hoher Ausgangsniveaus außenwirtschaftlicher Regulierung deutet vieles darauf hin, dass mit dem Ende der bipolaren Weltordnung tatsächlich eine Liberalisierungswelle im globalen Süden einsetzte. So sank die durchschnittliche Handelsrestriktivität der im CACAO-Datensatz von Christian Martin erfassten Entwicklungsländer zwischen 1980 – also lange vor dem Zusammenbruch der UdSSR - und 1999 um fast ein Viertel (Martin 2005: S.93). Martin stellt fest, dass sich *„seit dem Ende des Kalten Krieges [...] viele Entwicklungsländer von einer Strategie der Importsubstitution und der außenwirtschaftlichen Abschottung abgewendet"* (Martin 2005: S.93) haben. Dafür spricht auch, dass die westliche Welt im Zuge der Uruguay-Runde ab 1986 mithilfe multilateraler Abkommen versuchte, die *„Entwicklungs- und Schwellenländer verstärkt in den Liberalisierungsprozeß einzubinden"* (Glastetter 1998: S.325). Diese Entwicklung fand ihre organisatorische Entsprechung in der Gründung der Welthandelsorganisation (WTO) im Jahr 1994. Ihr gehören am Ende des Untersuchungszeitraums 100 von 133 der hier untersuchten Staaten an.

Diese postulierte Entwicklung der Außenwirtschaftsregulierung nach dem Ende des Kalten Krieges bedeutet, dass der gewählte Untersuchungszeitraum den ohnehin für Tsebelis' Theorie harten Fall zu einem noch härteren werden lässt. Der Globalisierungsdruck, der national unterschiedlichen politisch-institutionalistischen Variablen ohnehin wenig Einfluss lässt, wirkt im Untersuchungszeitraum noch stärker. Sollte sich die Vetospielertheorie nichtsdestotrotz als bedeutend erklärungskräftig für Unterschiede in der Policy-Stabilität der Außenwirtschaftspolitik von Entwicklungs- und Schwellenländern im Untersuchungszeitraum erweisen, wäre dies eine umso wichtigere Bestätigung für die Validität der Theorie. Auch die Auswahl des Untersuchungszeitraums erfolgt also bewusst und begründet.

5.2 Operationalisierung

Ziel des folgenden Kapitels ist, die Operationalisierungen von Vetospielereffekten, Policy-Stabilität in der Außenwirtschaftspolitik sowie zusätzlichen Kontrollvariablen zu erläutern, insbesondere auf jeweilige Schwächen der Operationalisierung hinzuweisen und – falls möglich – Lösungswege vorzuschlagen. Auch aufgrund dieser Schwächen werden sowohl unabhängige Einflüsse als auch abhängige Wirkungen der vorliegenden Analyse über verschiedene Variablen erfasst und separat überprüft.

5.2.1 Vetospieler

Das folgende Kapitel beschäftigt sich mit der Operationalisierung der Vetospielereffekte in der vorliegenden Analyse. Insbesondere geht es dabei um die Frage, ob auch die Operationalisierung der vorliegenden Analyse *„Vetospieler […] nur in ihrer Zahl erfasst, weil sich ‚Kohäsion' und ‚Kongruenz' nur schwer messen lassen"* (Schmidt et al. 2007: S.71). Dass die Kohäsion kollektiver Vetospieler in der vorliegenden Analyse - wie in allen dem Autor bekannten Untersuchungen mit quantitativ ausgerichtetem Forschungsdesign – *„mangels empirischer Daten […] überhaupt nicht berücksichtigt"* (Wagschal 2009: S.120) werden kann, wurde bereits im theoretischen Kapitel festgestellt. Doch sollte auch die ideologische Distanz beziehungsweise Kongruenz der Vetospieler – gemessen über ihre Präferenzen – nicht durch die Operationalisierungen der Vetospielereffekte erfasst werden, wäre das *„ein erheblicher Verlust gegenüber dem theoretischen Gehalt des Vetospielertheorems"* (Schmidt et al. 2007: S.71).

5.2.1.1 Der *Index of Political Constraints* von Witold J. Henisz

Der *Index of Political Constraints* von Henisz existiert in zwei unterschiedlichen Versionen. Der ursprüngliche Index, der heutige POLCONV aus dem Jahr 2000 (Henisz 2000a; 2000b), wurde im Jahr 2002 (Henisz 2002) um einen weiteren Index, den POLCONIII, ergänzt. POLCONIII und POLCONV unterscheiden sich nicht in der Logik ihrer Konstruktion oder ihren Wertebereichen. POLCONV bezieht im Unterschied zu POLCONIII lediglich eine unabhängige Judikative sowie die subnationale Ebene als mögliche Vetospieler mit ein. Insofern gilt die in der Folge beschriebene Logik der Konstruktion des *Index of Political Constraints* für POLCONIII und POLCONV entsprechend.

Der Index von Henisz hat einen kontinuierlichen Wertebereich von 0 bis 1. Der Wert 0 ist dabei gleichbedeutend mit null Einschränkungen gegenüber dem jeweiligen Entscheider, die von ihm präferierte Politik durchzusetzen. Es gibt lediglich einen Vetospieler - den Entscheider selbst –, andere Vetospieler sind nicht vorhanden beziehungsweise absorbiert. Der Wert 1 bedeutet dementsprechend vollkommene Einschränkung. Der Wert des Index wird bestimmt durch die Anzahl institutioneller Vetospieler nach Absorption, die hypothetisch möglichen Präferenzverteilungen bei gegebener Anzahl an Vetospielern sowie der Fraktionalisierung kollektiver institutioneller Vetospieler.

Henisz wertet die Exekutive, eine erste und, falls vorhanden, zweite Parlamentskammer als potentielle Vetospieler. POLCONV erweitert dieses Set um eine unabhängige Judikative sowie den Einfluss unabhängiger substaatlicher Provinzen, Regionen usw., deren Präferenzen jedoch nicht – auch nicht hypothetisch – im Index abgebildet werden. Henisz absorbiert potentielle Vetospieler über ihre parteipolitische Kontrolle. Wird eine Parlamentskammer von einer Regierungsmehrheit kontrolliert, ist sie absorbiert[44]. Doch beeinflussen auch absorbierte Parlamente über die Betrachtung der Fraktionalisierung (s.u.) das Ausmaß an *„political constraints"* (Henisz 2002: S.382).

Henisz leitet die möglichen Präferenzen nicht-absorbierter Vetospieler hypothetisch her. Er tut dies, da er theoretisch annimmt, *„that the status quo policy [...] and the preferences of all actors are independently and identically drawn from a uniformly distributed policy space [0,1]"* (Henisz 2002: S.380). Das Instrument zur hypothetischen Herleitung ist die erwartete Differenz der Präferenzen. Mithilfe der Formel 1/(n+2) berechnet Henisz auf Basis der Anzahl relevanter Vetospieler die erwartete Differenz der Präferenzen[45]. Dabei ist die Differenz gewissermaßen die über ihre Anzahl hypothetisch hergeleitete ideologische Distanz der Vetospieler. Aus der erwarteten Differenz der Präferenzen ergibt sich die Anzahl möglicher Präferenzverteilungen im eindimensionalen Policy-Spektrum zwischen 0 und 1. In einem Szenario mit beispielsweise zwei Vetospielern ergeben sich aufgrund der erwarteten Differenz der Präferenzen (1/4; s. Formel) sechs mögliche Präferenzverteilungen um drei mögliche Stati Quo (1/4; 1/2; 3/4) (Henisz 2002: S.381). Da unbekannt sei, welche Präferenzen empirisch vorhanden sind, hält Henisz die jeweilige Eintrittswahrscheinlichkeit der Präferenzverteilungen

---

[44] Interessant ist, dass im POLCONV auch eine unabhängige Judikative absorbiert werden kann. Zwar erläutert Henisz nicht, wann dies der Fall ist. Doch entspricht die Wertung einer unabhängigen Judikative als Vetospieler bei gleichzeitiger Möglichkeit der Absorption ziemlich genau Tsebelis' Ausführungen über die Einordnung von Verfassungsgerichten als Vetospieler (s. Kapitel 2.1.4)

[45] n ist gleich der Anzahl relevanter Vetospieler (vgl. Henisz 2002: S.381).

für gleich groß (Henisz 2002: S.382). Aufgrund der gleichen Eintrittswahrscheinlichkeit ergibt sich aus dem Mittelwert der Einschränkungen für die sechs möglichen Präferenzverteilungen das Ausmaß an „*political constraints*" (Henisz 2002: S.382) für ein Szenario mit zwei relevanten Vetospielern $[(1+1+1/2+1/2+1/2+1/2)/6=2/3]^{46}$.

Henisz betrachtet zudem die Konzentration beziehungsweise Fraktionalisierung der Mehrheitsverhältnisse innerhalb kollektiver institutioneller Vetospieler[47]. Den Einfluss der Fraktionalisierung auf Policy-Stabilität macht Henisz abhängig von der parteipolitischen Kontrolle des betrachteten Parlaments. Verfügt die Regierung über eine Mehrheit in einer legislativen Kammer, „*the level of constraints is negatively correlated with that majority*" (Henisz 2002: S.383). Große Regierungsmehrheiten seien einfacher zu kontrollieren als kleine. Wird eine Parlamentskammer von der Opposition kontrolliert, ist sie also aufgrund ihrer parteipolitischen Kontrolle nicht absorbiert, korreliert umgekehrt eine hohe Fraktionalisierung negativ mit dem Ausmaß an Einschränkungen (Henisz 2002: S.383 f.). Denn eine kleine Oppositionsmehrheit sei für die Regierung im Gesetzgebungsprozess einfacher zu umspielen als eine große Oppositionsmehrheit.

Tsebelis selbst schreibt über den *Index of Political Constraints* von Henisz, dieser sei „*conceptually very closely correlated with veto players*" (Tsebelis 2002: S.204) und benennt sogleich die große Stärke des Vetospielerindex von Henisz für die Analyse dieser Studie: „*the big advantage of Henisz's dataset is that it covers the greatest number of countries*" (Tsebelis 2002: S.205). Doch trotzdem sich Henisz bei der Konstruktion seines Index explizit auf die Anzahl an Vetospielern sowie deren Präferenzen bezieht, sieht Tsebelis Probleme bei der Operationalisierung seiner Vetospielertheorie (Henisz 2000a: S.7; Tsebelis 2002: S.204 f.)[48].

Tsebelis kritisiert die Wertung einer unabhängigen Judikative als Vetospieler, da diese nicht in jedem Fall über Vetomacht verfüge. Nach Tsebelis' Interpretation können lediglich Verfassungsgerichte als Vetospieler modelliert werden, da nur diese einer von der Legislative verab-

---

[46] Für eine Darstellung der sechs möglichen Präferenzverteilungen sowie einer ausführlicheren Erläuterung der theoretischen Annahmen und Berechnungsmethode vgl. Henisz 2002: S.381 ff..

[47] Henisz' berechnet seinen Fraktionalisierungsindex über die Sitzverteilung im Parlament. Ausführlicher Henisz 2002: S.383 ff..

[48] Henisz spricht in der Erläuterung seiner Indizes zwar von Vetopunkten. Er ordnet seinen Vetopunkten - anders als Immergut ihren Vetopunkten – zumindest hypothetische Präferenzen zu, um seine Indizes zu konstruieren. Insofern geht seine Operationalisierung im Vokabular der vorliegenden Analyse über das Instrument von Vetopunkten hinaus und operationalisiert die von George Tsebelis theoretisierten Vetospieler (Henisz 2000a: S.7 ff.; Henisz 2000b: S.346 ff.; Henisz 2002: S.363 ff.).

schiedeten Gesetzesänderung ex post die Zustimmung verweigern können (s. Kapitel 2.1.4). Zudem zähle Henisz' Index durch die Erfassung zweiter Parlamentskammern sowie subnationalen Vetopotentials föderalistische Einflüsse doppelt (Tsebelis 2002: S.205).

Diese Kritik von Tsebelis bezieht sich jedoch nur auf den im Jahr 2000 erstellten *Index of Political Constraints*, den heutigen POLCONV-Index. Nur dieser bezieht die Judikative und substaatliche Akteure als potentielle Vetospieler mit ein. Der von Henisz zwei Jahre später im Erscheinungsjahr des Grundlagenwerks von Tsebelis entwickelte POLCONIII-Index bleibt von diesen Kritikpunkten unberührt. Zudem betrifft die mögliche doppelte Zählung föderalistischer Merkmale im Ländersample der vorliegenden Analyse lediglich Brasilien, Fidschi, Südafrika sowie Trinidad und Tobago.

Probleme der Operationalisierung der Vetospielertheorie bestehen jedoch auch für den POLCONIII-Index. Henisz betrachtet mit seinem Fraktionalisierungsindex explizit den Einfluss von Oppositionsparteien in von der Regierung kontrollierten Parlamentskammern. Dies mag für präsidentielle Systeme mit instabilen Koalitionen hilfreich sein. Bei der Analyse parlamentarischer Systeme ist es für Tsebelis ein Konstruktionsfehler, da Oppositionsparteien in parlamentarischen Systemen „*impose no constraints on legislation*" (Tsebelis 2002: S.205).

Auch Henisz' *rules of counting* sind nicht unproblematisch. So zählt Henisz explizit nur die Anzahl der „*de jure veto points*" (Henisz 2000a: S.10), nicht aber parteiliche Vetospieler, die innerhalb der institutionellen Vetospieler agieren. Diese Anzahl unter Einbeziehung parteilicher Vetospieler kann jedoch mitunter und vor allem in parlamentarisch verfassten Demokratien deutlich von der Anzahl rein durch die Verfassung vorgegebener Vetospieler abweichen.

Die Verwendung von Henisz' Index macht die zur sinnvollen Substitution institutioneller durch relevante parteiliche Vetospieler theoretisch erforderliche Betrachtung der Parteiendisziplin (s. Kapitel 2.1.2) überflüssig. Parteiliche Vetospieler werden von Henisz nicht als Vetospieler operationalisiert. Henisz misst den Einfluss von parteilichen Akteuren lediglich im Kriterium der Fraktionalisierung sowie Absorption institutioneller Vetospieler. Somit unterbleibt Schritt zwei von drei zur Identifikation relevanter Vetospieler. Doch auch Schritt drei, die Anwendung der Absorptionsregel, ist bei Henisz nicht unproblematisch. Henisz absorbiert nicht-relevante Vetospieler über deren parteipolitische Ausrichtung. Dies entspricht ziemlich genau Immergut's nicht-relevanten Vetopunkten (s. Kapitel 2.3) und der empirischen Anwendung von Tsebelis' Absorptionsregel in ihrer ursprünglichen Fassung (s. Kapitel 2.2.2.1). Streng betrachtet entspricht dies jedoch nicht der theoretisch vorgesehenen Absorption über die Policy-Präferenzen in der Außenwirtschaftspolitik. So könnte zum Beispiel eine zweite Kammer trotz gleichgerichteter Mehrheiten über ein Vetomotiv verfügen, indem ihre Präferenzen in der Außenwirtschaftspolitik, etwa aufgrund föderaler Interessen, deutlich von denen der Regierung abweichen. Gleichzeitig bedeutet die Absorption ohne eine empirische Betrachtung von Policy-Präferenzen, dass nur institutionelle Vetospieler mit – durch die parteipolitische Ausrichtung angenommenen – identischen Präferenzen absorbiert werden, nicht aber institutionelle und die ohnehin nicht betrachteten parteilichen Vetospieler, deren Präferenzen im Einstimmigkeitskern der anderen Vetospieler liegen.

Kritisiert werden darf aber vor allem Henisz' hypothetische Modellierung der Policy-Präferenzen. Aufgrund der Annahme gleich verteilter Policy-Präferenzen der Vetospieler im eindimensionalen Policy-Spektrum machen sich Einflüsse von Policy-Präferenzen nur über eine sich verändernde Anzahl an relevanten Vetospielern bemerkbar. Die Präferenzverteilungen können sich bei gleichbleibend großer Anzahl an nicht-absorbierten Vetospielern nicht verändern. Eine Vetospielerkonstellation aus zwei Vetospielern führt immer zur gleichen Feststellung sechs möglicher Präferenzverteilungen (Henisz 2002: S.381). Ein Szenario mit sich verändernden ideologischen Distanzen und sich damit verändernder Policy-Stabilität bei gleichbleibender Anzahl der Vetospieler - wie etwa der Sprung von Abbildung 1 zu Abbildung 3 (s.o.) - ist in Henisz' Index nicht möglich. Das bedeutet, dass zwei Staaten mit gleicher Anzahl an Vetospielern in Henisz' Index die gleiche mögliche Präferenzverteilung und damit die gleiche Einflussstärke ideologischer Distanzen zugewiesen bekommen. Die hypothetische Konstellation eines marktliberalen Präsidenten und einer kommunistisch regierten Parlamentskammer wird der hypothetischen Konstellation eines christdemokratischen Präsidenten und einer sozialdemokratisch regierten Parlamentskammer - die Fraktionalisierung im Parlament einmal unbeachtet – in ihrer Wirkung auf die Entscheidungsfreiheit der Exekutive gleichgesetzt. Dies ist eine offensichtlich unscharfe Abbildung empirischer Zusammenhänge und gleichzeitig eine Schwäche in der Operationalisierung von Tsebelis' Theorie. Denn Tsebelis hebt die ideologische Distanz der Vetospieler als besonders erklärungsmächtig hervor. Gerade diese aber kann im Index von Henisz nicht adäquat abgebildet werden.

Die Schwächen und Unwägbarkeiten der Operationalisierung von Tsebelis' Theorie und Hypothesen mit dem *Index of Political Constraints* sind zahlreich. Detlef Jahn stellt fest, dass Tsebelis' eigener und Henisz' Index aufgrund eines Korrelationskoeffizienten von 0,4 (Pearsons r für POLCONIII) beziehungsweise 0,19 (POLCONV) *„very little in common"* (Jahn

2010: S.65) haben. Für ihn folgt daraus, dass Analysen, die wie die vorliegende Studie Henisz' Index verwenden und die Ergebnisse analog Tsebelis' Theorie interpretieren, fehlerhaft sind (Jahn 2010: S.65). Tsebelis widerspricht Jahn jedoch direkt, indem er die *„intellectual, conceptual, and methodological affinity"* (Tsebelis 2010: S.12) zwischen Henisz' Index und seiner eigenen Theorie betont und feststellt, dass er selbst Henisz' Index verwendet, wenn Untersuchungszeitraum und Ländersample – ganz ähnlich der vorliegenden Analyse – die Reichweite seines eigenen Datensatzes übersteigen (Tsebelis 2010: S.12).

Die festgestellten Schwächen der Operationalisierung mithilfe von Henisz' Index sollen bei der Interpretation der Ergebnisse eine Rolle spielen. Auch aufgrund dieser Schwächen soll ein zweiter Index zur Erfassung relevanter Vetospieler und ihrer Policy-Präferenzen, der CHECKS von Beck et al. (Beck et al. 2001), in die Analyse einbezogen werden. Nichtsdestotrotz bleibt Henisz' Index die primäre unabhängige Variable zur empirischen Überprüfung der Hypothese. Denn viele der Schwächen, vor allem die mit der hypothetischen Herleitung der Präferenzen verbundenen, sind direkt mit der großen Stärke des Index verbunden: Der Index ist für nahezu alle Staaten und Jahre im Ländersample verfügbar. Auch die von Tsebelis bekräftigte Affinität des Index mit seiner Theorie sowie Tsebelis' eigene Untersuchungen mithilfe von Henisz' Variablen ermuntern zu dieser Operationalisierung.

5.2.1.2 CHECKS von Beck et al.

Aufgrund der für den *Index of Political Constraints* festgestellten Schwächen bei der Operationalisierung von Tsebelis' Theorie soll die Robustheit gemessener Vetospielereffekte mit einer alternativen Variable überprüft werden: Dem CHECKS-Index von Beck et al. (Beck et al. 2001).

Der CHECKS, im Vokabular von Beck et al. *„CHECKS2"* (Beck et al. 2001: S.170), hat einen Wertebereich von 1 bis kontinuierlich, im Ländersample der Analyse reicht seine Spannweite jedoch von 1 bis maximal 18. Der CHECKS nimmt automatisch seinen niedrigsten Wert 1 an, sobald ein System autokratisch ist oder die Wahlen in diesem vordergründig demokratischen System in der *Database of Political Institutions* nicht mehr als frei und fair klassifiziert werden.

Dieser niedrigste Wert 1 wird für jeden Vetospieler um 1 erhöht. In präsidentiellen Systemen zählt CHECKS den Präsidenten und jede legislative Kammer als Vetospieler. Eine legislative Kammer wird jedoch nicht als *„check"* (Beck et al. 2001: S.170) gewertet, falls sie durch eine

Listenwahl mit geschlossener Liste gewählt wird und die Partei des Präsidenten die Mehrheit in dieser Kammer stellt.

In parlamentarischen Systemen zählt CHECKS den Premier sowie jede Regierungspartei, auch die des Premierministers, als Vetospieler. Diese Summe reduziert sich um eins, falls das Parlament durch ein Listenwahlverfahren mit geschlossener Liste gewählt wird und die Partei des Premiers die größte Partei der Regierungskoalition ist (Beck et al. 2001: S.170). Das Kriterium der Listenwahl ist im CHECKS gewissermaßen ein Zusatzerfordernis zur Absorption der Vetospieler. So wird ein Vetospieler nicht automatisch aufgrund der parteipolitischen Kontrolle absorbiert. Vielmehr werden ebenso die Kontrollmöglichkeiten der Regierung über die eigene Fraktion mithilfe des Wahlverfahrens approximiert. Dieses Kriterium geht deutlich über die reine Absorption aufgrund parteipolitischer Färbung hinaus.

Der Wert des CHECKS erhöht sich zusätzlich um 1 für jeden Vetospieler – die größte Regierungspartei im Parlament für präsidentielle sowie alle Koalitionsparteien für parlamentarische Systeme - dessen Präferenzen näher an denen der Opposition als an denen der Regierung verortet werden können. Die Policy-Orientierung der Regierung wird dabei abgebildet als Mittelwert der Orientierung der Regierungsparteien. Die Policy-Orientierung der Opposition wird gemessen über die Policy-Orientierung der größten Oppositionspartei (Beck et al. 2001: S.170). Die Policy-Orientierung der Parteien wird mit der klassischen Links-Rechts-Skala und den drei Ausprägungen Links, Mitte und Rechts erfasst.

Auffällig ist, dass die Indizes von Henisz und der CHECKS-Index von Beck et al. trotz gemeinsamer theoretischer Fundierung empirisch mindestens teilweise etwas Anderes erfassen. Beide korrelieren lediglich mit einem Korrelationskoeffizienten r von 0,56 (POLCONIII) beziehungsweise 0,5 (POLCON V).

Eine Stärke des CHECKS, vor allem im Vergleich zu Henisz' Index, ist, dass er – trotzdem sie in den Erläuterungen von Beck et al. nicht erwähnt wird - konzeptionell deutlich eher den theoretischen Annahmen von George Tsebelis entspricht als die POLCON-Indizes von Henisz. Der CHECKS betrachtet neben institutionellen auch parteiliche Vetospieler. Zudem erfasst er ideologische Distanzen von Vetospielern, da sich der Wert des Index erhöht sobald ein Vetospieler aufgrund seiner Policy-Orientierung der Opposition näher steht als der Regierung. Anders als im *Index of Political Constraints* kann im CHECKS also durchaus ein Szenario abgebildet werden, in dem sich die Policy-Stabilität aufgrund größerer ideologischer

Distanz bei gleichbleibender Anzahl relevanter Vetospieler, analog dem Sprung von Abbildung 1 zu Abbildung 3, erhöht.

Anzumerken ist, dass auch der CHECKS von Beck et al. Tsebelis' zweiten Schritt zur Erfassung relevanter Vetospieler – die Betrachtung der Parteiendisziplin und die eventuelle Substitution institutioneller durch relevante parteiliche Vetospieler – nicht hundertprozentig theoriekonform unternimmt. Denn ein ausreichendes Maß an Parteiendisziplin wird empirisch nicht untersucht. Vielmehr wird in der Operationalisierung deutlich, dass ein ausreichendes Ausmaß an Parteiendisziplin für präsidentielle Systeme (ohne Listenwahlverfahren mit geschlossenen Listen) per se verneint während die Parteiendisziplin in parlamentarischen Systemen per se als ausreichend zur Substitution institutioneller mithilfe parteilicher Vetospieler angenommen wird (Beck et al. 2001: S.170)[49].

Insgesamt gilt, dass der CHECKS von Beck et al. die Vetospielertheorie konzeptionell besser abbildet als der *Index of Political Constraints* von Henisz. Doch auch aufgrund der mit der Annäherung an die Theorie erhöhten Informationserfordernissen ist der CHECKS für weniger Staaten und Zeitpunkte verfügbar als Henisz' Index.

5.2.1.3 POLARIZ von Beck et al.

Tsebelis' Hypothese zur ideologischen Distanz der Vetospieler (H2) soll separat mit dem Polarisierungsindex von Beck et al. überprüft werden (Beck et al. 2001). Der Polarisierungsindex betrachtet die Policy-Orientierung der vier größten Parteien sowie der Exekutive im Bereich Wirtschaftspolitik (Links, Rechts, Mitte). Daraufhin werden die Orientierungen dieser Vetospieler innerhalb eines Systems paarweise verglichen[50]. Der Wert des POLARIZ gibt dabei die ideologische Distanz zwischen den zwei entferntesten Akteuren an (Kee-

---

[49] Hier zeigen sich die von Tsebelis' Formulierungen über ein ausreichendes Maß an Parteiendisziplin (s. Kapitel 2.1.2) erzeugten Unwägbarkeiten in der Operationalisierung seiner Theorie. Denn Tsebelis trifft keine klare Aussage über ein ausreichendes Maß an Parteiendisziplin sondern überlässt die Entscheidung der Subjektivität des Forschers. Während einige Forscher wie Beck et al. die Parteiendisziplin präsidentieller Systeme per se für ungenügend zur Betrachtung parteilicher Vetospieler halten, finden andere möglicherweise Beispiele (Bolivien, Chile, Venezuela), bei denen dies nicht der Fall ist.

[50] Nicht immer sind die vier größten Parteien eines Systems allesamt tatsächlich Vetospieler. Dem Autor ist jedoch kein Index bekannt, der diese potentielle Unschärfe beheben könnte und gleichzeitig für eine ähnlich große Fallzahl verfügbar ist.

fer/Stasavage 2003: S.415 f.). POLARIZ hat einen Wertebereich von 0 bis 2 mit den Ausprägungen 0, 1 und 2^{51}.

Zwar erfasst auch der CHECKS aus dem gleichen Datensatz ideologische Distanzen relevanter Vetospieler, wenn sich sein Wert um 1 erhöht, falls die Präferenzen eines Vetospielers eher denen der Opposition als denen der Regierung entsprechen (s.o.). Doch kann dieser Effekt im finalen Index nicht vom Effekt einer größeren Anzahl an Vetospielern getrennt werden. Der POLARIZ erlaubt hingegen eine separate und explizite Überprüfung Tsebelis' zentraler Hypothese zur ideologischen oder Policy-Distanz von Vetospielern. Dies jedoch nur unter der Annahme, Policy-Präferenzen in der Außenwirtschaftspolitik seien eindimensional verteilt. Ist das Policy-Spektrum in der Außenwirtschaftspolitik eindimensional skaliert, liegen alle Vetospieler zwischen den Extrempunkten der beiden äußeren Akteure im Einstimmigkeitskern und sind absorbiert. In diesem Fall ist die eindimensionale Distanz zwischen den Idealpunkten der am weitesten voneinander entfernten Vetospieler ein gültiges Maß für die ideologische Distanz aller Vetospieler im Policy-Spektrum, da nur diese beiden relevant für eine Änderung des legislativen Status Quo bleiben. Geht man jedoch davon aus, dass das Policy-Spektrum der Außenwirtschaftspolitik durch mehr als eine Dimension gekennzeichnet ist, könnte die maximale ideologische Distanz zweier Extreme kein valides Maß für die inhaltliche Kongruenz der Vetospieler mehr sein. Ideologische Distanzen im zweidimensionalen Policy-Spektrum können nicht eindimensional abgebildet werden. Vetospieler zwischen den eindimensional erfassten Extremen müssen nicht mehr notwendigerweise absorbiert sein. Vielmehr könnten sie zwar auf einer Dimension zwischen den Idealpunkten der anderen, auf einer zweiten Dimension aber deutlich außerhalb des Einstimmigkeitskerns verortet sein.

Eine weitere Schwäche des POLARIZ wie schon des CHECKS ist seine fehlende intertemporale Dimension bei der Messung der für die ideologische Distanz maßgeblichen Policy-Präferenzen. Parteien wird im POLARIZ eine von drei Ausprägungen auf einer Links-Rechts-Skala zugeordnet (s.o.). Diese Zuordnung bleibt über alle Analysezeitpunkte hinweg stabil. Abgesehen vom Problem der eindimensionalen Erfassung der Policy-Orientierung ist auch die

---

[51] Natürlich können durch die Konzentration auf Parteien die eventuell vorhandenen ideologischen Distanzen zwischen zumeist ohnehin nicht erfassten Vetospielern autokratischer Systeme – zum Beispiel Militär, Einzelpersonen - nicht adäquat abgebildet werden. Dem Autor ist jedoch kein Index bekannt, der diese potentielle Unschärfe beheben könnte.

intertemporale Validität einer solch einmaligen Zuordnung zweifelhaft. Denn die Orientierung einer Partei kann sich im Zeitverlauf verändern[52].

5.2.2 Die abhängige Variable

Die abhängige Variable in der Theorie von George Tsebelis ist Policy-Stabilität beziehungsweise entgegengesetzt das Potential für Policy-Wandel. Sind die theoretischen Argumente über die Interpretation und Bedeutung von Policy-Stabilität und Potential für Wandel eindeutig, ergeben sich für die empirische Messung von Policy-Stabilität und -Wandel in der vorliegenden Studie sowie für die Messung des Potentials für Policy-Wandel generell Probleme.

Das Potential für Policy-Wandel kann empirisch schwer bis unmöglich erfasst werden. Schwer in qualitativen Einzelfallstudien, die auf Erhebungsverfahren wie Interviews mit beteiligten Akteuren zurückgreifen (können). Unmöglich in quantitativen Analysen, die mit der numerischen Operationalisierung einer großen Anzahl von Makrovariablen immer wirklichen Policy-Wandel messen. Gerade diesen kann Tsebelis' Theorie aber eigentlich nicht vorhersagen (s. Kapitel 2.1.6). Das bedeutet streng betrachtet, dass die empirische Messung des Potentials für Policy-Wandel mithilfe quantitativer Analysen nie zu 100% valide sein kann. Vielmehr führt die Messung wirklichen Policy-Wandels zur systematischen Verzerrung der Ergebnisse. Systematisch deshalb, weil das Potential für Policy-Wandel immer größer oder gleich dem gemessenen wirklichen Wandel sein muss. Ohne das Potential - die Möglichkeit eines Policy-Wandels - kann es keinen Policy-Wandel geben. Es ist jedoch durchaus möglich, dass ein Policy-Wandel trotz bestehenden Potentials ausbleibt. Die quantitative Analyse unterschätzt also systematisch das Potential für Policy-Wandel.

Interessant ist allerdings, dass durch die Messung auf den ersten Blick nicht in gleichem Maße Policy-Stabilität überschätzt wird. Denn es ist empirisch unerheblich, ob eine Policy aufgrund fehlenden Potentials oder fehlenden wirklichen Wandels stabil bleibt. Für die Erklärungskraft der Theorie von George Tsebelis macht es jedoch durchaus einen Unterschied, ob eine Policy trotz weniger relevanter Vetospieler, geringer ideologischer Distanz zwischen ihnen sowie, abhängig von ihrer internen Entscheidungsregel, niedriger/hoher Kohäsion ihrer

---

[52] Dieses Problem löst Jahns Erweiterung von Tsebelis' Vetospielerindex durch eine dynamischere Einordnung der Parteien mithilfe des *Comparative Manifestos Project* - Datensatzes. Ebenso ersetzt Jahn die zweifelhafte eindimensionale durch eine zweidimensionale Erfassung der Präferenzen (ausführlicher Jahn 2010: S.59 ff.). Doch sind Daten für Jahns Index wie die des Ursprungsindex von Tsebelis nicht für das Ländersample dieser Analyse verfügbar.

internen Präferenzen stabil bleibt. Ist dies nämlich der Fall, sind zumindest Zweifel an Tsebelis' Hypothesen angebracht.

Policy-Stabilität in der Außenwirtschaftspolitik ist in der vorliegenden Analyse sowohl durch ein konstantes Niveau der Außenhandelsregulierung sowie gleichbleibende Außenhandelsquoten zu den Zeitpunkten t, t+1, t+2 etc. im Land X operationalisiert. Diese Operationalisierung von Policy-Stabilität in der Außenwirtschaftspolitik durch einen Index von Christian Martin sowie die makroökonomische Effektvariable der Außenhandelsquote ist hinsichtlich der Validität der Messung nicht unproblematisch. Die Operationalisierungen, die damit verbundenen Probleme sowie die vom Autor vorgeschlagenen Lösungen sollen in der Folge erläutert werden.

5.2.2.1 Außenhandelsquote

Die erste von zwei abhängigen Variablen zur Messung von Policy-Stabilität in der Außenwirtschaftspolitik ist die absolute Veränderungsrate der Außenhandelsquote[53]. Ganz ausdrücklich sind so steigende und sinkende Veränderungen der Quote analytisch gleichgesetzt. Die Analyse beschäftigt sich mit Veränderungsraten der Außenhandelsquote, nicht mit deren Richtung hin zu mehr oder weniger Außenhandel.

Die Messung von Policy-Stabilität mithilfe absoluter Veränderungsraten von *Outcome*-Größen wie Außenhandels-, Export- oder Importquote hat einen entscheidenden, praktischen Vorteil gegenüber alternativen Operationalisierungen: Makroökonomische Daten sind für nahezu alle Länder und Jahre verfügbar. Aus diesem Grund entscheiden sich Henisz/Mansfield dafür, Änderungen des Status Quo der Außenwirtschaftspolitik mithilfe prozentualer Veränderungen der Importquote zu messen (Henisz/Mansfield 2006: S.194 f.). Der gleichen Logik folgend soll eine abhängige Variable der vorliegenden Analyse die jährliche Veränderung der Außenhandelsquote im Vergleich zum Vorjahr sein. Auch die von Henisz/Mansfield für die Importquote festgestellten robusten Effekte ermuntern zu dieser Operationalisierung.

Allerdings resultieren aus der Messung von Policy-Stabilität in der Außenwirtschaftspolitik mit dem Indikator Außenhandelsquote mindestens zwei Probleme[54]: Erstens lässt eine stabile

---

[53] Außenhandelsquote = Die Summe aller Im- und Exporte als Anteil am Bruttoinlandsprodukt.

[54] Zum generellen Problem der Operationalisierung von Policy-Stabilität durch makroökonomische Effektvariablen vgl. auch Tsebelis 2002: S.161 ff..

Außenhandelsquote für sich betrachtet keine Rückschlüsse auf fehlende Änderungen des legislativen Status Quo zu. Zweitens ist eine Änderung der Außenhandelsquote von t zu t+1 nicht gleichbedeutend mit einer Änderung des legislativen Status Quo zwischen beiden Zeitpunkten. Denn *Outcome*-Stabilität bedeutet genauso wenig Policy-Stabilität wie ein volatileres *Outcome* Policy-Wandel bedeuten muss. Veränderungen der makroökonomischen Größe Außenhandelsquote werden nicht nur durch die legislative Aktivität eines Staates beeinflusst. Vielmehr können Schwankungen von Angebot und Nachfrage auf dem Weltmarkt, exogene Schocks und Krisen wie Naturkatastrophen oder Kriege, Währungsschwankungen und Preisschocks, Veränderungen der nationalen Ressourcenausstattung mit zum Beispiel Öl oder Bildung, Innovationen der Wirtschaft und insbesondere Schwankungen des Bruttoinlandsproduktes Veränderungen der Außenhandelsquote eines Staates hervorrufen. Denn die Außenhandelsquote setzt die Summe aller Im- und Exporte ins Verhältnis zum Bruttoinlandsprodukt. Das bedeutet, dass ein Anstieg von Im- und Exporten - zum Beispiel aufgrund einer Deregulierung des Außenhandels, also einer Änderung des legislativen Status Quo - bei gleichzeitigem und gleich großem Anstieg des Bruttoinlandsproduktes – zum Beispiel durch ein nationales Konjunkturprogramm außerhalb des Politikfeldes der Außenwirtschaftspolitik - verborgen bliebe. Gleiches gilt für einen Abfall der Summe von Im- und Exporten bei gleichzeitigem und gleich großem Abfall des Bruttoinlandsproduktes. In beiden Fällen blieben die eventuell auch politisch herbeigeführten Änderungen der Summe von Im- und Exporten durch eine stabile Außenhandelsquote verborgen. Es entstünde der falsche Eindruck von Policy-Stabilität. Ebenso können Änderungen der Außenhandelsquote sowohl über- als auch unterschätzt werden. Denn Anstiege von Im- und Exporten können in ihrer Bedeutung bei gleichzeitigem Abfall des Bruttoinlandsproduktes überschätzt werden. Gleiches gilt vice versa für einen Abfall der Summe von Im- und Exporten bei gleichzeitigem Anstieg des Bruttoinlandsproduktes.

Paradoxerweise kann die singuläre Betrachtung von Änderungen der Außenhandelsquote eines Staates sowohl zur Überschätzung des Policy-Wandels wie zur Überschätzung von Policy-Stabilität führen. Denn weder die Änderung noch die Nicht-Änderung der Außenhandelsquote ist direkt mit der Änderung oder Nicht-Änderung des legislativen Status Quo verknüpft.

Die angesprochenen Ungenauigkeiten der Messung lassen sich jedoch deutlich eindämmen. So können makroökonomische Einflussgrößen der Außenhandelsquote - die auch für die meisten Entwicklungs- und Schwellenländer im Großteil des betrachteten Zeitraums verfügbar sind - als Kontrollvariablen in die Analyse einbezogen werden, um den Effekt der jeweiligen Vetospielerkonstellation exakter zu messen. Oder, in Tsebelis' Worten, sollen Kontrollvariablen in die Analyse einbezogen werden *„to eliminate as much of the noise as possible"* (Tsebelis 2002: S.187). Dies gilt insbesondere für Veränderungsraten des Bruttoinlandsproduktes, da eine Nichtbetrachtung des Bruttoinlandsproduktes bei der Interpretation der Außenhandelsquote zu den dargestellten Unwägbarkeiten führen würde. Ermunternd für die Untersuchung anhand makroökonomischer *Outcome*-Variablen ist auch, dass Tsebelis selbst – in der Untersuchung von Änderungen in der Budgetstruktur von Staatshaushalten (Tsebelis/Chang 2004) - seine Hypothesen anhand von *Outcomes* testet und zu dem Schluss kommt, dass *„policy stability does not refer only to legislation, but also to outcomes"* (Tsebelis 2002: S.187). Nichtsdestotrotz bleibt die Messung von Policy-Stabilität durch Änderungen der Außenhandelsquote mit Risiken verbunden, die bei der Interpretation der Ergebnisse berücksichtigt werden sollen.

5.2.2.2 Außenhandelsregulierung

Policy-Stabilität in der Außenwirtschaftspolitik soll in der vorliegenden Analyse neben der Außenhandelsquote durch die Messung von Veränderungen der nationalen Außenhandelsregulierung operationalisiert werden. Veränderungen der Außenhandelsregulierung werden in der vorliegenden Analyse mithilfe des TRADE-Index zum Regulierungsniveau eines Staates im Bereich Güter und Dienstleistungen von Christian Martin (2005) gemessen. Martins Datensatz wurde auf der Grundlage des jährlich erscheinenden *Report on Exchange Arrangements and Exchange Restrictions* des IWF erstellt.

Die Messung von Policy-Stabilität und -Wandel in der Außenwirtschaftspolitik durch Veränderungen des Index zur Außenhandelsregulierung von Christian Martin hat einen analytischen Vorteil gegenüber der Messung mithilfe der von Henisz/Mansfield (2006) verwendeten Importquote oder der hier verwendeten Außenhandelsquote. Anders als bei den makroökonomischen Indikatoren Import- und Außenhandelsquote bedeutet eine im CACAO-Datensatz gemessene Änderung des Index von t zu t+1 zwangsläufig eine Änderung des legislativen Status Quo, einen Policy-Wandel im Sinne von Tsebelis. Denn es ist offensichtlich unplausibel, dass zum Beispiel eine Änderung der Ein- und Ausfuhrzölle oder der Wegfall anderer Handelsschranken ohne legislative Aktivität des Staates auskommt. Auch der von Frye/Mansfield (2003) für die Untersuchung der Außenwirtschaftspolitik post-kommunistischer Staaten Osteuropas und Zentralasiens verwendete Indikator zur Messung von Änderungen außenwirtschaftlicher Regulierung wäre der Außenhandelsquote analytisch überlegen. Doch ist die abhängige Variable bei Frye/Mansfield lediglich nominal skaliert - Änderung vs. Nicht-Änderung - und zudem nur für ihr Ländersample verfügbar (Frye/Mansfield 2003: S.642).

Mit dem Regulierungsindikator von Christian Martin gibt es in Bezug auf die exakte Operationalisierung der theoretischen Argumente von George Tsebelis nichtsdestotrotz mindestens ein Problem.

Denn anders als ein von t zu t+1 verändertes Regulierungsniveau eine Änderung des legislativen Status Quo bedeutet, bedeutet ein von t zu t+1 stabiles Regulierungsniveau nicht zwangsläufig Policy-Stabilität im Sinne fehlender Änderungen des legislativen Status Quo. Zum einen kann es Gesetze geben, die zwar dem Politikfeld Außenwirtschaftspolitik zugerechnet werden können, aber keinen regulierenden und/oder liberalisierenden Charakter haben und so durch den verwendeten Indikator nicht erfasst werden. Zum Beispiel ein Gesetz, welches die umfassende organisatorische Restrukturierung der Zollverwaltung zum Ziel hat. Dies wäre eine Änderung des legislativen Status Quo in der Außenwirtschaftspolitik, die durch die Fokussierung des Index auf Regulierungsniveaus verborgen bliebe.

Wichtiger ist jedoch, dass ein von Zeitpunkt t zu Zeitpunkt t+1 stabiles Regulierungsniveau TRADE in Land X nicht automatisch bedeutet, dass in der Zwischenzeit keine regulierenden und/oder liberalisierenden Policies im Land X verabschiedet wurden. Vielmehr können Maßnahmen entgegengesetzter Wirkungsrichtung in einzelnen Regulierungsbereichen initiiert worden sein. Etwa die Einführung einer Quote für landwirtschaftliche Erzeugnisse bei gleichzeitiger Abschaffung der Quote für Computerzubehör. Durch Martins Abstraktion auf das Kriterium „*Es existieren Quoten für bestimmte Produkte*" (Martin 2005: S.86) heben sich die gegenläufigen Effekte auf. Zwei gegenläufige Änderungen des legislativen Status Quo würden durch die Messung in einem Gesamtindikator zu einer Nicht-Änderung. Es entstünde der falsche Eindruck legislativer Stabilität. Dieser falsche Eindruck von Stabilität trügt umso mehr, als nicht nur zeitgleiche Maßnahmen entgegengesetzter Wirkung durch die Abstraktion auf ein gemeinsames Regulierungsniveau ihren Effekt verlieren, sondern alle Maßnahmen zwischen den Zeitpunkten t und t+1.

Doch nicht nur Maßnahmen entgegengesetzter Wirkung können verborgen bleiben. Auch Maßnahmen, die allesamt in Richtung stärkerer Öffnung oder Regulierung deuten, könnten durch die Abstraktion der Bedingungen von Martin nicht erfasst werden. Denn die Bedingungen des Index sind so abstrakt formuliert, dass viele Änderungen des legislativen Status Quo nicht zu einer Veränderung des Index führen. Ein Beispiel: Das Kriterium „*Der Export mancher Produkte ist verboten*" (Martin 2005: S.86) würde Änderungen eines hypothetischen Status Quo, in dem der Export sämtlicher Produkte verboten ist, hin zu einem Zustand, in dem alle Verbote mit Ausnahme eines Exportverbotes für Reis aufgehoben sind, nicht erfassen. Der Wert des Indikators bliebe nach wie vor 1.

Hinzu kommt, dass Martins Index zweistufig konstruiert ist. Die ohnehin schon abstrakten Bedingungen werden zu Einzelindikatoren zusammengefasst, die wiederum additiv den Wert des Index bilden. Es werden also nicht die Werte der schon abstrakten Bedingungen aufaddiert, sondern diese werden zunächst zu Einzelindikatoren zusammengefasst. „*Dabei gilt für Einzelindikatoren mit mehreren Bedingungen ein inklusives Oder, d.h. wenn eine von mehreren Bedingungen erfüllt ist, gilt die Aussage als wahr im Sinne Bool'scher Algebra und der Einzelindikator [...] nimmt den Wert 1 an*" (Martin 2005: S.88). Doch bedeutet boolesche Algebra für die vorliegende Analyse, dass Staaten, die zum Beispiel ihren Maximalzoll unter 100% senken und sämtliche Importquoten sowie –aufschläge abschaffen trotzdem eine stabile Außenwirtschaftspolitik verfolgen, solange eine Lizensierungspflicht für bestimmte Produkte besteht (Martin 2005: S.86).

Zusammengefasst heißt dies, dass eine von Tsebelis als Policy-Wandel modellierte Änderung des legislativen Status Quo nicht automatisch zu einer Änderung des Regulierungsindex führt, während eine Änderung im Regulierungsindex zwangsläufig auch einen Policy-Wandel im Sinne der Änderung des legislativen Status Quo bedeutet. Die Messung von Policy-Stabilität und –Wandel durch den Index von Christian Martin unterschätzt also systematisch die Änderungen des legislativen Status Quo in der Außenwirtschaftspolitik von Land X zwischen t und t+1. Der gleichen Logik folgend wird die Policy-Stabilität im gleichen Zeitraum systematisch überschätzt. Diese Ungenauigkeit der Messung kann aufgrund der ungenügenden Datenlage für Entwicklungs- und Schwellenländer in der folgenden Analyse nicht aufgelöst werden, soll für die Interpretation der empirischen Ergebnisse aber in Erinnerung bleiben[55].

---

[55] Bei besserer Datenlage könnte das Problem der Ungenauigkeit beispielsweise durch eine Erhebung signifikanter Gesetze in der Außenwirtschaftspolitik von Land X zwischen den Zeitpunkten t und t+1 gelöst werden, ähnlich Tsebelis' eigener Operationalisierung signifikanter Gesetze zu Arbeitszeit und -bedingungen in 15 Staaten Westeuropas zwischen 1981 und 1991 (Tsebelis 1999: S.597 ff.; Tsebelis 2002: S.166 ff.). Das resultierende Problem der Subjektivität in der Klassifizierung signifikanter Gesetze außen vor gelassen, käme ein solcher Indikator Tsebelis' theoretischer Größe der Policy-Stabilität deutlich näher.

5.2.3 Kontrollvariablen

Für X-zentrierte Forschungsdesigns wie das der vorliegenden Analyse „*ist es von zentraler Bedeutung, den Einfluss von Störvariablen zu berücksichtigen und diese Variablen [...] zu kontrollieren, um den Einfluss des kausalen Faktors [...] bestimmen zu können, dem das primäre Interesse gilt*" (Gschwend/Schimmelpfennig 2007: S.23). Der kausale Faktor, dem das primäre Interesse der vorliegenden Analyse gilt, sind die von Tsebelis theoretisierten Vetospielereffekte. Relevante Störvariablen politikfeldspezifisch zu bestimmen und ihre Operationalisierung kurz zu erläutern, soll Ziel dieses Kapitels sein.

Einen Hinweis für die Bedeutung spezifischer Kontrollvariablen liefert auch die, in der Einleitung bereits angesprochene, Analyse von Reformen der Außenwirtschaftspolitik post-kommunistischer Staaten der 1990er Jahre von Frye/Mansfield (Frye/Mansfield 2003). Die Autoren stellen fest, dass Reformen der Außenwirtschaftspolitik post-kommunistischer Staaten entgegen Tsebelis' Hypothese und eher kontraintuitiv mit zunehmender Anzahl an Vetospielern sogar wahrscheinlicher werden. Frye/Mansfield führen diesen Befund erstens auf den extrem protektionistischen Status Quo der Außenwirtschaftspolitik post-kommunistischer Staaten am Anfang der 1990er Jahre und zweitens auf das Ausmaß, in dem die untersuchten Vetospieler noch die gleichen oder ähnlich – zum Beispiel Nachfolgeparteien der KPdSU – denen sind, die zuvor Protektionismus befürworteten, zurück. Sie assoziieren eine erhöhte Vetospielerzahl mit einem Regimewechsel, der neue Akteure an die Spitze brachte, die wiederum – auch als Abgrenzung zu den politischen Vorgängern und Gegnern – allesamt Liberalisierungsbefürworter sind (Frye/Mansfield 2003: S.654 ff.).

Die Untersuchung von Frye/Mansfield zeigt zwei wesentliche Argumente für die Bestimmung von Kontrollvariablen der vorliegenden Analyse. Zum einen die Bedeutung einer Kontrollvariable zum Status Quo der Außenwirtschaftspolitik (s. Kapitel 5.2.3.1). So war der enorm protektionistische Status Quo post-kommunistischer Staaten nach dem Ende des Kalten Krieges ein entscheidender Faktor für die Liberalisierungsbemühungen und der dafür nötigen Änderungen des legislativen Status Quo. Zum anderen fällt jedoch auch die Wichtigkeit von Kontrollvariablen regionaler oder historischer Besonderheiten – der *fixed effects* - ins Auge (s. Kapitel 5.2.3.6). Der Zusammenbruch der UdSSR war ein zeitlich wie regional einmaliges Ereignis, das in den Untersuchungen von Frye/Mansfield den theoretisch zu erwartenden Vetospielereffekt gewissermaßen auf den Kopf stellt.

5.2.3.1 Ausgangsniveau

Die Ausgangsniveaus von Außenhandelsquote und Außenhandelsregulierung – ausgedrückt im TRADE von Christian Martin – aus dem jeweiligen Vorjahr sollen als Kontrollvariable in die Analyse einbezogen werden. Im Grunde stellen die Ausgangsniveaus des TRADE zum Zeitpunkt t den in Kapitel 2.2.1 beschriebenen Status Quo in der Außenwirtschaftspolitik zum Zeitpunkt t+1 dar. Doch werden die – ohnehin nur hypothetisch angenommenen - Präferenzen der Vetospieler im Index von Henisz oder dem CHECKS von Beck et al. nicht um diesen Status Quo modelliert, sodass nicht gemessen werden kann, ob eine Policy aufgrund der Position des Status Quo – zum Beispiel eines im Pareto-Set verorteten Status Quo - stabil bleibt.

Doch bleiben Ausgangsniveaus wichtige Kontrollvariablen – etwa aufgrund der gerade für Panel-Regressionen virulenten Autokorrelationen - und zeigen auch in anderen Analysen einen *„durchweg [...] signifikanten Einfluss"* (Martin/Schneider 2007: S.450) auf die Außenwirtschaftspolitik. Insbesondere Ausgangniveaus der Außenhandelsregulierung können als *„Ausdruck pfadabhängiger Politikprozesse verstanden werden"* (Martin/Schneider 2007: S:450), da es den Regierungen beispielsweise bedeutend schwerer fallen könnte, einmal geöffnete Märkte wieder zu regulieren.

5.2.3.2 Sozioökonomischer Druck

Der sozioökonomische Druck für Änderungen in der Außenwirtschaftspolitik soll in der vorliegenden Analyse als wirtschaftlicher Krisendruck verstanden werden, der – wahrgenommen über die Öffentlichkeit und umgemünzt in politischen Handlungsdruck - Regierungen dazu drängt, ihre Außenwirtschaftspolitik zu verändern.

5.2.3.2.1 Arbeitslosigkeit

Eine wichtige Variable sozio-ökonomischen Drucks ist die Arbeitslosigkeit. Sie ist für Bürger und Wähler direkt erfahrbar und birgt so politische Risiken für die Eliten. Denn jede Politik, die durch außenwirtschaftliche Öffnung zum Beispiel den Wettbewerb mit ausländischen Arbeitskräften intensivieren würde, ist in Situationen hoher Arbeitslosigkeit kaum durchsetzbar. Vielmehr verlangten die Bürger nach protektionistischen Maßnahmen, die heimische Arbeitsplätze vor internationaler Konkurrenz schützen. Hohe Arbeitslosenraten stehen in einem positiven Zusammenhang mit protektionistischer Außenwirtschaftspolitik. Einige Autoren sprechen gar davon, dass *„high levels of unemployment are the single most important source of protectionist pressures"* (Bergsten/Cline 1983:S.77).

Auf die vorliegende Analyse übertragen bedeutet das, dass steigende Arbeitslosenraten mit zunehmender außenwirtschaftlicher Regulierung einhergehen würden. Inwiefern das Argument auch in die andere Richtung – sinkende Arbeitslosenraten führen zu stärkerer Liberalisierung – gilt, ist theoretisch wenig betrachtet. Doch sind die Richtungen der Änderungen bei der Betrachtung von Policy-Stabilität ohnehin unerheblich beziehungsweise gleichgesetzt. Festzuhalten bleibt: Auf jeden Fall wird mindestens mit steigenden Arbeitslosenzahlen eine Änderung des Status Quo in der Außenwirtschaftspolitik erwartet.

Die Arbeitslosenrate wird im Datensatz der Weltbank als prozentualer Anteil der Arbeitslosen am Erwerbspersonenpotenzial, also der Gesamtzahl der Erwerbstätigen und Arbeitslosen, angegeben. Die Veränderung der Arbeitslosenrate zum Zeitpunkt t wird als Kontrollvariable der Außenwirtschaftspolitik zum Zeitpunkt t+1 verwendet, da angenommen wird, dass Krisenindikatoren wie Arbeitslosigkeit, Inflation oder Wirtschaftswachstum nicht direkt sondern mit Verzögerung – nämlich über die Wahrnehmung durch und politischen Druck auf die politischen Eliten - auf die Außenwirtschaftspolitik der Nationalstaaten wirken.

Leider sind vor allem Daten für die Arbeitslosigkeit nicht für alle Staaten zu allen Zeitpunkten verfügbar. Dies führt zu einer unvermeidlichen Reduktion der Fallzahl für die multivariate Analyse.

5.2.3.2.2 Wirtschaftswachstum

Das Wirtschaftswachstum soll als zweiter Krisenindikator in die Analyse einbezogen werden. Auch das Wirtschaftswachstum wird zeitverzögert aus dem Vorjahr betrachtet. Daten zum Wirtschaftswachstum stammen wie die anderer Kontrollvariablen aus den *World Development Indicators* der Weltbank von 2010[56].

5.2.3.2.3 Inflation

Veränderungen der Inflationsrate sollen neben Arbeitslosenrate und Wirtschaftswachstum als dritter Krisenindikator in die Analyse einbezogen werden. Daten zur Inflationsrate stammen wie die anderer Kontrollvariablen aus den *World Development Indicators* der Weltbank von 2010 und sind im Vergleich zur Arbeitslosenrate für deutlich mehr Staaten und Zeiträume verfügbar.

---

[56] Die Messung des Wirtschaftswachstums ist zusätzlich – wie in Kapitel 5.2.2.1 beschrieben - unerlässlich zur Kontrolle der durch die abhängige Variable - Veränderungen der Außenhandelsquote - gemessenen Effekte.

5.2.3.3 Bruttoinlandsprodukt

Das Bruttoinlandsprodukt soll als Proxy für die Größe des nationalen Marktes in die Analyse einbezogen werden. Die Größe des nationalen Marktes spielt in nahezu allen Untersuchungen zur Außenwirtschaftspolitik eine bedeutende Rolle. Eine große Volkswirtschaft mit einem großen heimischen Markt ist weniger von Ex- und Import abhängig als kleine Volkswirtschaften, die für Angebot und Nachfrage auf Außenhandel angewiesen sind. Kleine Volkswirtschaften sollten also eine eher liberale Außenwirtschaftspolitik verfolgen während große Volkswirtschaften es sich wirtschaftlich auch leisten können, Handelsschranken für die Ein- und Ausfuhr von Gütern und Dienstleistungen umzusetzen. Für die Untersuchung von Veränderungen in der Außenwirtschaftspolitik bedeutet das, dass große Volkswirtschaften ihre Außenwirtschaftspolitik in Richtung Regulierung oder Liberalisierung verändern können, da sie es sich auch erlauben können, nationale Industrien durch Importzölle zu schützen. Kleine Volkswirtschaften hingegen sind aufgrund der starken Abhängigkeit von Im- und Export einem Imperativ liberaler Außenwirtschaftspolitik ausgesetzt. Ihnen dürfte es deutlich schwerer fallen, ihre Außenwirtschaftspolitik in Richtung Regulierung zu verändern. Inwiefern diese theoretischen Vermutungen einen empirischen Kern haben, soll nicht Teil der vorliegenden Studie sein. In jedem Fall ist eine Kontrollvariable zur Größe des nationalen Marktes eine unerlässliche Variable in Untersuchungen der Außenwirtschaftspolitik.

Ähnlich wie bei Martin/Schneider (2007) soll zudem das Bruttoinlandsprodukt pro Kopf als *„Maß für den Reichtum eines Landes"* (Martin/Schneider 2007: S.457) Kontrollvariable der vorliegenden Analyse sein.

Nützlich wäre auch eine Variable zum Entwicklungsstand nationaler Volkswirtschaften, die nicht nur auf das Bruttoinlandsprodukt abstellt, dessen Höhe eben auch entscheidend vom Verkauf und Handel mit teuren Rohstoffen – wie zum Beispiel den seltenen Erden Subsahara-Afrikas - abhängt. Diese Höhe sagt jedoch wenig über den technologischen Entwicklungsstand einer Volkswirtschaft und die Wettbewerbsfähigkeit nationaler Industrien aus. Doch sind es gerade diese Variablen, die über das volkswirtschaftlich nötige Schutzniveau entscheiden und aus denen sich – gemäß der Logik des *„Infant Industry Argument"* (Piazolo 1994: S.31) - ein Einflussfaktor auf die Außenwirtschaftspolitik ableiten ließe. Leider sind Variablen, die sich auf wirtschaftliche Entwicklungsniveaus beziehen und über die Betrachtung des nationalen Bruttoinlandsprodukts hinausgehen, für das Ländersample nicht verfügbar.

5.2.3.4 Kredite multilateraler Geberorganisationen

Die Einflüsse multilateraler Geberorganisationen wie dem Internationalen Währungsfonds (IWF), regionalen Entwicklungsbanken und der Weltbank wurden im Kapitel über zusätzliche Vetospieler bereits als bedeutend herausgestellt. Inwiefern sie tatsächlich als Vetospieler in der Außenwirtschaftspolitik von Entwicklungs- und Schwellenländern auftreten, kann die vorliegende Analyse aufgrund der Datenlage nicht überprüfen. Doch soll ihr Einfluss nicht gänzlich unbeachtet bleiben. Der Einfluss multilateraler Geberorganisationen auf die Policy-Stabilität in der Außenwirtschaftspolitik von Entwicklungs- und Schwellenländern wird in der vorliegenden Analyse über prozentuale Veränderungen des nationalen Schuldenstandes bei IWF, den Fonds der Weltbank sowie regionalen Entwicklungsbanken und anderen multilateralen Geberorganisationen erfasst.

Dies hat den Vorteil, dass Einflüsse von IWF und Weltbank nicht – wie etwa bei Axel Dreher (Dreher 2006) – über Dummy-Variablen oder die Anzahl an Projekten der Weltbank im jeweiligen Land gemessen werden müssen. Die Einflüsse multilateraler Geberorganisationen können mithilfe von Veränderungen des Schuldenstands differenzierter quantifiziert werden.

5.2.3.5 Mitgliedschaft in globalen und regionalen Handelsorganisationen

Die Mitgliedschaft in einer Handelsorganisation kann bedeutenden Einfluss auf die Außenwirtschaftspolitik der Mitgliedsländer haben. Mitglieder verpflichten sich vertraglich, Handelsschranken gegenüber anderen Mitgliedern zu senken und den Handel untereinander zu fördern. Martin/Schneider stellen fest, dass *„die Rechte und Pflichten, die aus der Mitgliedschaft in internationalen Organisationen erwachsen, sowohl das Regulierungsniveau als auch seine Veränderung über die Zeit"* (Martin/Schneider 2007: S.450) beeinflussen.

Die Mitgliedschaft in der GATT beziehungsweise WTO wird als Dummy-Variable in die Analyse einbezogen. Die Daten zu den Beitrittsterminen einzelner Staaten stammen von den Internetseiten der WTO[57]. Die Mitgliedschaft in einer regionalen Handelsorganisation ist ebenfalls als Dummy-Variable codiert, das heißt die verschiedenen regionalen Wirtschafts-

---

[57] Quelle: http://www.wto.org/english/thewto_e/whatis_e/tif_e/org6_e.htm (14.12.2011)

räume sind trotz unterschiedlich starker Integration und organisatorischer Ausgestaltung in ihrer Wirkung gleichgesetzt[58].

5.2.3.6 Fixed Effects

Zeitlich und/oder regional begrenzte Einflussfaktoren wie zum Beispiel die asiatische Finanzkrise gegen Ende des 20. Jahrhunderts werden in der vorliegenden Analyse durch dummycodierte Jahres- und Regionenvariablen - auch *„Beck-Katz standard"* (Plümper et al. 2005: S.330) genannt - erfasst. Wie in Kapitel 1.3 beschrieben löst diese Operationalisierung nicht das *„Galton-Problem"* (Obinger 2009: S.233), da Wechselbeziehungen zwischen den Außenwirtschaftspolitiken regionsübergreifender Handelspartner nicht berücksichtigt werden. Doch ist die Verwendung solcher *„fixed effects"* (Kittel/Winner 2005: S.272) eine einfache Methode, um den Einfluss zeitlich oder regional begrenzter Ereignisse in Panelregressionen zu messen (Kittel/Winner 2005: S. 271 ff.). Gleichzeitig bedeutet die einheitliche Verwendung fixer Effekte, dass der Einfluss interstaatlich oder –temporal konstanter Variablen weniger differenziert und restriktiv erfasst werden kann. Die Variablen könnten – falls einzeln in die Analyse einbezogen – verglichen mit der Messung über *fixed effects* einen deutlich anderen Einfluss auf die Ergebnisse der Analyse haben (Henisz/Mansfield 2006: S.202).

5.3 Methode

Bei der Wahl der statistischen Methode muss zunächst das Skalenniveau der Variablen betrachtet werden. Metrisch (Veränderungen der Außenhandelsquote) beziehungsweise quasimetrisch (Veränderungen der Außenhandelsregulierung) skalierte abhängige sowie metrisch und quasi-metrisch skalierte oder Dummy-codierte unabhängige Variablen lassen die Methode der linearen Regression zu (Maier et al.: S.98 ff.). Eine zweite Anwendungsvoraussetzung der Regressionsanalyse ist Linearität. Tsebelis' theoretische Hypothesen sind klar linear formuliert. Mit zunehmender oder größerer Anzahl an Vetospielern und größerer ideologischer Distanz zwischen ihnen steigt (potentiell) die Policy-Stabilität. Auch empirisch ist der Zu-

---

[58] Zu diesen zählen die *South African Development Community (SADC)*, die *Association of Southeast Asian Nations (ASEAN)*, der *Mercado Común del Sur (Mercosur)*, die *Organisation of the Black Sea Economic Cooperation (BSEC)*, die *South Asian Association for Regional Cooperation (SAARC)* sowie allein für Mexiko das *North American Free Trade Agreement (NAFTA)*. Die SADC soll erst ab 2000 mit Inkrafttreten des 1996 unterzeichneten Handelsprotokolls als Handelsorganisation gewertet werden. Die *Union du Maghreb arabe (UMA)* wird nicht als mit anderen vergleichbare Handelsorganisation gewertet, da ein Fahrplan zu wirtschaftlicher Integration aufgrund wechselseitiger Ablehnungen von Marokko und Algerien seit Gründung der Organisation nicht zustande gekommen ist.

sammenhang zwischen unabhängigen und abhängigen Variablen der vorliegenden Analyse ausreichend linear[59].

Wie in der Einleitung benannt, erlaubt die Regressionsanalyse „*die empirische Überprüfung von Theorien*" (Obinger 2009: S.232). Um Tsebelis' Theorie empirisch zu überprüfen, wählt die vorliegende Analyse lineare Regressionsmodelle, die sowohl Auskunft über Richtung als auch relative Stärke der unabhängigen Variablen geben. Die Bewertung der Vetospielereffekte soll schrittweise erfolgen. In einem ersten Schritt wird die jeweilige Vetospielervariable in eine bivariate Regression mit der abhängigen Variable eingeführt. In einem zweiten Schritt soll der Einfluss der Kontrollvariablen ohne Berücksichtigung der Vetospielerindizes erfasst werden. Im dritten und letzten Schritt werden alle unabhängigen Variablen gemeinsam in eine multivariate Regressionsgleichung aufgenommen, um die relative Stärke der jeweiligen Variablen zu bewerten. Dabei soll ergründet werden, inwieweit eventuell bivariat festgestellte Vetospielereffekte einer multivariaten Kontrolle standhalten. Für eine Bewertung der Hypothesen H1 und H2 sollen Beta-Koeffizienten und die Veränderungen der Varianzaufklärung des Gesamtmodells maßgeblich sein.

Die Regressionsanalyse setzt die *„Unabhängigkeit der Untersuchungsobjekte voraus"* (Obinger 2009: S.234). Da die vorliegende Panelregression die Untersuchungsobjekte jedoch im Quer- und Längsschnitt untersucht, kann von dieser Unabhängigkeit nicht ausgegangen werden. Abgesehen von der Interaktion der Außenwirtschaftspolitik verschiedener Staaten – dem Galton-Problem (s. Kapitel 1.3) – besteht der Verdacht serieller oder autokorrelativer Effekte vor allem im Zeitverlauf.

Autokorrelative Effekte zwischen abhängiger Variable zum Zeitpunkt t und t+1 werden jedoch nicht angenommen, da eine Veränderung von Außenhandelsquote und –regulierung zum Zeitpunkt t die Wahrscheinlichkeit einer Änderung zum Zeitpunkt t+1 nicht beeinflusst[60].

---

[59] Zur Überprüfung der Linearität wurden für alle unabhängigen Variablen jeweils etwa 5 Kategorien gebildet und diese als Dummy-Variablen in eine bivariate Regression mit der abhängigen Variable eingeführt. Die Mittelkategorien bildeten jeweils die Referenzkategorie. Dabei zeigte sich bei Vernachlässigung der Signifikanzen (s. Fußnote 60) – mit leichten Einschränkungen für Veränderungen der Außenhandelsregulierung – durchweg zufrieden stellende Linearität. Deshalb sollen die unabhängigen Variablen für die Analyse zur besseren Veranschaulichung als quasi-metrische Merkmale in die Modelle eingeführt werden.

[60] Für die unabhängigen Variablen sind durchaus autokorrelative Zusammenhänge denkbar. Doch werden die unabhängigen Variablen zum Zeitpunkt t nicht als abhängige Variablen zum Zeitpunkt t+1 genutzt. Letztendlich betreffen autokorrelative Effekte ohnehin lediglich die Inferenzstatistik, nicht jedoch die für die Überprüfung der Hypothesen bei Vernachlässigung der Signifikanzen (s. Fußnote 60) relevanten Beta-Koeffizienten und Varianzaufklärungen der Modelle (vgl. Urban/Mayerl 2008: S.260 ff.).

Ohnehin werden Veränderungen in der Außenwirtschaftspolitik zum Zeitpunkt t nicht zur Erklärung von Veränderungen zum Zeitpunkt t+1 herangezogen.

Von einem pfadabhängigen Effekt des Niveaus der Außenhandelsquote und –regulierung zum Zeitpunkt t auf Veränderungen zum Zeitpunkt t+1 darf jedoch ausgegangen werden, da ein niedriges Ausgangsniveau der Außenhandelsregulierung zum Zeitpunkt t Veränderungen dieses Regulierungsniveaus zum Zeitpunkt t+1 deutlich erschweren könnte. Aus diesem Grund sollen Kontrollvariablen zu Ausgangsniveaus von Außenhandelsquote und –regulierung in die multivariaten Regressionen einbezogen werden (s. Kapitel 5.2.3.1).

6 Empirische Befunde

Kapitel 6 dieser Studie beschäftigt sich mit der statistischen Analyse von Vetospielereffekten in der Außenwirtschaftspolitik von Entwicklungs- und Schwellenländern, der empirischen Überprüfung der in Kapitel 4 formulierten Hypothesen.

6.1 Deskriptive Darstellung

Zunächst einmal fällt schon bei der deskriptiven Darstellung der Daten auf, dass die abhängige Variable – gemessen über Veränderungen der außenwirtschaftlichen Regulierung im Index von Christian Martin – weitgehend stabil bleibt. In lediglich 338 von 1621 durch den Index gemessenen Fällen verändert sich das Niveau der Außenhandelsregulierung vom Zeitpunkt t zum Zeitpunkt t+1. Oder, anders ausgedrückt, in 79,1% der Fälle bleibt das Niveau außenwirtschaftlicher Regulierung im Vergleich zum Vorjahr stabil. Ein Hinweis für die vermutete Überschätzung der Policy-Stabilität durch die Messung mithilfe des TRADE[61].

Eine erste Betrachtung der Streuung der unabhängigen Variablen zeigt, dass das Ländersample X-seitig mit einer Standardabweichung von 0,21 (POLCONIII), 0,3 (POLCONV), 1,64 (CHECKS) sowie 0,65 (POLARIZ) unter Berücksichtigung der jeweiligen Wertebereiche wie beschrieben nicht als besonders homogen bezeichnet werden kann.

Inwieweit Vetospielereffekte Policy-Stabilität und –Wandel in der Außenwirtschaftspolitik erklären können, sollen bi- und multivariate Analyse zeigen.

---

[61] Zwar bedeutet eine geringe Volatilität der Veränderungen des TRADE noch keine Überschätzung von Policy-Stabilität, da die Policy ja in der Tat auch empirisch stabil bleiben könnte. Doch würde entgegengesetzt eine hohe Volatilität zumindest zu Zweifeln an den Vermutungen überschätzter Policy-Stabilität führen.

6.2 Bivariate Analyse

In der Folge sollen die bivariaten Zusammenhänge zwischen Vetospielereffekten und Policy-Stabilität in der Außenwirtschaftspolitik betrachtet werden. Quasi-metrisch beziehungsweise metrisch skalierte unabhängige und abhängige Variablen gepaart mit linearen Zusammenhängen lassen eine Analyse mithilfe des Korrelationskoeffizienten Pearsons r zu.

Zwar erlaubt die bivariate Analyse unter Ausschluss der Kontrollvariablen noch kein finales Urteil über die Bestätigung oder Ablehnung von H1 und H2, doch ist sie ein wichtiges Indiz für die Stärke und Richtung der Zusammenhänge. Zudem erlaubt der standardisierte Korrelationskoeffizient r einen relativen Vergleich der bivariaten Vetospielereffekte auf Veränderungen der Außenhandelsquote und -regulierung.

Tabelle 1: Bivariate Korrelationsmatrix[62]

	Veränderungen der Außenhandelsquote	Veränderungen der Außenhandelsregulierung
POLCONIII	-0,086** (N=2008)	0,023 (N=1620)
POLCONV	-0,139** (N=1800)	0,038 (N=1600)
CHECKS	-0,104** (N=1802)	-0,013 (N=1570)
POLARIZ	-0,106** (N=1661)	0,011 (N=1438)

Angaben: Pearsons r; *: $p < 0,05$; **: $p < 0,01$; ***: $p < 0,001$

Zunächst einmal fällt bei der bivariaten Analyse die konstante Schwäche der Zusammenhänge auf. Mit einem Pearsons r zwischen 0,011 und 0,139 (ohne deren Richtung) bei einem Wertebereich zwischen -1 und 1 können die Zusammenhänge durchweg als nicht stark klassifiziert werden. Doch trotz schwacher Zusammenhänge ergibt sich bei näherer Betrachtung ein differenzierteres Bild. So sind die Zusammenhänge zwischen POLCONIII, POLCONV, CHECKS, POLARIZ und der durch Christian Martins Index erfassten Änderungen der au-

---

[62] Streng betrachtet bezieht sich Tsebelis' Hypothese zur Anzahl der Vetospieler wie erläutert nur auf das Hinzufügen eines weiteren Vetospielers, nicht auf eine hohe oder geringe Anzahl an Vetospielern (Tsebelis 2002: S.25 ff.; s. Kapitel 4). Das heißt, dass die vorliegende Analyse eigentlich die Veränderung der Anzahl an Vetospielern als unabhängige Variable einbeziehen müsste. Allerdings messen POLCON III, POLCON V und CHECKS neben der Anzahl an Vetospielern über die (hypothetisch beziehungsweise über die parteipolitische Kontrolle hergeleiteten) Präferenzen auch die inhaltliche Kongruenz der Vetospieler. Tsebelis' Hypothese zur inhaltlichen Kongruenz beziehungsweise ideologischen Distanz gilt jedoch per se – also größere Distanz bedeutet größere Policy-Stabilität – und nicht nur für zunehmende ideologische Distanz. Beide Indikatoren lassen sich in den gegebenen Operationalisierungen nicht voneinander trennen. Nach Abwägung der Vor- und Nachteile sollen – wie in Kapitel 4 beschrieben - die Niveaus der unabhängigen Variablen zur bi- und multivariaten Analyse genutzt werden.

Analysen mithilfe von Veränderungsvariablen der Vetospielerkonstellation ergeben positive und schwächere Zusammenhänge und sind bis auf einen Zusammenhang nicht signifikant. Dieser Befund widerspricht den für Niveauvariablen festgestellten Befunden. Insgesamt sollen jedoch die für Niveaus gemessenen Effekte aus den genannten Gründen maßgeblich für die Analyse sein.

ßenwirtschaftlichen Regulierung durchweg geringer als jeweils zwischen den vier unabhängigen Variablen und Änderungen der Außenhandelsquote. Zudem weisen die Zusammenhänge für POLCONIII, POLCONV und POLARIZ mit Veränderungen der Außenhandelsregulierung in die theoretisch entgegensetzte Richtung. Das heißt mit größerer Anzahl an Vetospielern und größerer ideologischer Distanz zwischen ihnen steigt die Wahrscheinlichkeit einer Änderung des Status Quo. Allein für die CHECKS-Variable von Beck et al. zeigt der – sehr schwache – Zusammenhang in die theoretische erwartete Richtung. Mit größerer Anzahl an Vetospielern und ideologischer Distanz zwischen ihnen nimmt die Wahrscheinlichkeit einer Änderung des Status Quo ab. Unbeachtet leicht divergierender Fallzahlen ist dies ein abermaliger Hinweis darauf, dass die Indizes von Henisz und Beck et al. trotz gemeinsamer theoretischer Fundierung empirisch etwas Unterschiedliches messen. Die Zusammenhänge zwischen unabhängigen Variablen und Veränderungen der Außenhandelsregulierung sind obendrein allesamt nicht signifikant[63]. Eine alleinige Betrachtung dieser Korrelationen müsste zum Verwerfen der Hypothesen H1 und H2 führen.

Die Betrachtung der bivariaten Zusammenhänge zwischen POLCONIII, POLCONV; CHECKS, POLARIZ und Veränderungen der Außenhandelsquote ergibt allerdings ein anderes Bild. Die Zusammenhänge zeigen alle in die theoretisch erwartete Richtung und sind durchweg statistisch signifikant. Zwar sind die Korrelationen mit einem Pearsons r zwischen -0,086 und -0,139 nicht bedeutend stark, dennoch würde die Richtung der Zusammenhänge Tsebelis' Hypothesen zu diesem Zeitpunkt der Analyse bestätigen. Ein finales Urteil über die Annahme oder Ablehnung der Hypothesen kann ohne Berücksichtigung der Kontrollvariablen nicht getroffen werden.

6.3 Multivariate Analyse

Die multivariate Analyse unter Berücksichtigung der in Kapitel 5 ergründeten Kontrollvariablen soll zeigen, ob Tsebelis' Hypothesen auch in der Außenwirtschaftspolitik von Entwicklungs- und Schwellenländern, dem für das theoretische Modell harten Fall in zweifacher Form, Bestand haben. Dafür sollen für jede Kombination aus unabhängiger Vetospielervari-

---

[63] Im Grunde können Signifikanzniveaus in der vorliegenden Analyse vernachlässigt werden. Die Analyse versucht nicht, den Wert in einer Grundgesamtheit über eine wie auch immer geartete Stichprobe zu approximieren sondern untersucht die Grundgesamtheit selbst. Insofern ist es nicht nötig, eine natürliche Stichprobenstreuung anzunehmen und Signifikanzniveaus als Wahrscheinlichkeit der Existenz gemessener Zusammenhänge in der Grundgesamtheit zu werten. Nichtsdestotrotz sollen Signifikanzniveaus als Maß für die Güte der Zusammenhänge angegeben werden.

able und abhängiger Variable drei lineare Regressionsmodelle berechnet werden. Modell 1 allein unter Einschluss der jeweiligen Vetospielervariable, Modell 2 allein unter Einschluss der Kontrollvariablen und Modell 3 unter Einschluss aller Variablen aus den Modellen 1 und 2. Die Betrachtung der Beta-Koeffizienten sowie Veränderungen der Varianzaufklärung soll zeigen, ob die Hypothesen H1 und H2 unter Kontrolle sozioökonomischer und anderer Einflüsse bestätigt oder verworfen werden können.

6.3.1 Überprüfung der Hypothese H1

Mit zunehmender Anzahl und größerer ideologischer Distanz der Vetospieler wird theoretisch größere Policy-Stabilität beziehungsweise weniger Veränderungen des Status Quo in der Außenwirtschaftspolitik erwartet. Die H1 kann also bestätigt werden, falls höhere POLCONIII-, POLCONV- oder CHECKS-Werte mit weniger Veränderungen der Außenhandelsquote und/oder –regulierung verbunden sind. Die Theorie erwartet einen negativ-linearen Zusammenhang[64].

---

[64] Die empirischen Ergebnisse sind hier exemplarisch am Beispiel von POLCONIII/ Außenhandelsquote; POLCONIII/ Außenhandelsregulierung; CHECKS/ Außenhandelsquote sowie CHECKS/ Außenhandelsregulierung dargestellt. Die Werte für POLCONV können den Tabellen 9 und 10 im Anhang entnommen werden.

Tabelle 2: POLCONIII/Außenhandelsquote (Lineare Regression)[65]

	Modell 1	Modell 2	Modell 3
POLCONIII	-0,086***		-0,006
Ausgangsniveau		0,402***	0,402***
BIP pro Kopf		-0,226***	-0,226***
BIP		0,059	0,058
Veränderung Arbeitslosenrate		0,036	0,036
Veränderung Inflationsrate		-0,080*	-0,080*
Wirtschaftswachstum		-0,173***	-0,174***
Veränderung Schuldenstand		0,009	0,010
Mitglied regionale Handelsorganisation		0,205***	0,206***
Mitglied GATT/WTO		-0,076	-0,074
R^2 (korrigiert)	0,007	0,210	0,208
N	2008	508	508

Angaben: standardisierte Beta-Koeffizienten; *: $p < 0,05$; **: $p < 0,01$; ***: $p < 0,001$

Betrachtet man zunächst nur die bivariate Beziehung (Modell 1), scheint sich H1 zu bestätigen. Es besteht ein signifikanter, negativ-linearer Zusammenhang zwischen POLCONIII und Veränderungen der Außenhandelsquote. Das heißt je größer die Anzahl und ideologische Distanz der Vetospieler, desto weniger verändert sich die Außenhandelsquote eines Staates im Ländersample. Je größer also der Vetospielereffekt, desto größer die über Veränderungen der Außenhandelsquote erfasste Policy-Stabilität. Allerdings ist diese Beziehung nur tendenziell, denn es wird verschwindend wenig Varianz erklärt (0,7%). Eine bivariate Analyse ist außerdem keine sonderlich gute Annäherung an die Realität, denn diverse potentielle Drittvariablen

---

[65] In der Tabelle berücksichtigt werden alle Variablen mit Ausnahme der *fixed effects*. Da die Berücksichtigung der Kontrollvariable zu Veränderungen der Arbeitslosenrate zu einer drastischen Reduktion der Fallzahlen führt, wurde Modell 3 unter Ausschluss der Arbeitslosenrate wiederholt. Die Kontrollanalyse unter Ausschluss der Arbeitslosenrate ergibt – bezogen auf POLCONIII - keinen bedeutend stärkeren Koeffizienten.

Referenzkategorien der Dummy-Variablen zu Region und Zeitraum sind der Regionendummy für Europa und Zentralasien sowie der Jahresdummy für das Jahr 1998.

bleiben unberücksichtigt. Deshalb soll die bivariate Beziehung um soziöokonomische und andere Variablen erweitert werden (Modell 3).

Die multivariaten Modelle 2 und 3 sprechen eine eindeutige Sprache. Der Vetospielereffekt verschwindet bei Kontrolle anderer Einflüsse mit einem Beta von -0,006 - was im Grunde einem nicht vorhandenen Effekt gleichkommt - und wird zudem insignifikant. Allein das Ausgangsniveau der Außenhandelsquote hat mit einem Beta von 0,402 einen sehr viel größeren Einfluss (technisch gesprochen 67mal größeren) auf Veränderungen der Außenhandelsquote als POLCONIII. Und auch die Veränderung der Varianzaufklärung zwischen Modell 2 und Modell 3 zeigt an, dass die Varianzaufklärung des Regressionsmodells 3 allein auf die Kontrollvariablen zurückzuführen ist. Die Varianzaufklärung bleibt durch das Hinzufügen von POLCONIII praktisch identisch. Insgesamt besteht der berechtigte Verdacht, der Einfluss des POLCONIII im bivariaten Modell sei durch andere Variablen vermittelt beziehungsweise multivariat von anderen Variablen *überdeckt*, da das multivariate Modell keinen Effekt von POLCONIII feststellen kann. Um diesen Verdacht zu untermauern, wurde im Rahmen einer Kollinearitätsstatistik der Toleranzwert von POLCONIII berechnet. Dieser zeigt an, dass mehr als 30% der Varianz des POLCONIII durch die Kontrollvariablen erklärt werden. Das multivariate Modell 3 stellt fest, dass der Effekt von POLCONIII, der bivariat trotz extrem niedriger Varianzaufklärung zumindest in die theoretisch richtige Richtung deutet, komplett verschwindet.

Vor dem Hintergrund von Tabelle 2 müsste die H1 also verworfen werden. Die Anzahl und ideologische Distanz der Vetospieler hat keinen Einfluss auf die Policy-Stabilität in der Außenwirtschaftspolitik.

Tabelle 3: CHECKS/Außenhandelsquote (Lineare Regression)[66]

	Modell 1	Modell 2	Modell 3
CHECKS	-0,104***		-0,099*
Ausgangsniveau		0,402***	0,411***
BIP pro Kopf		-0,226***	-0,224***
BIP		0,059	0,061
Veränderung Arbeitslosenrate		0,036	0,037
Veränderung Inflationsrate		-0,080*	-0,076
Wirtschaftswachstum		-0,173***	-0,175***
Veränderung Schuldenstand		0,009	0,006
Mitglied regionale Handelsorganisation		0,205***	0,218***
Mitglied GATT/WTO		-0,076	-0,055
R^2 (korrigiert)	0,010	0,210	0,213
N	1802	508	504

Angaben: standardisierte Beta-Koeffizienten; *: $p < 0,05$; **: $p < 0,01$; ***: $p < 0,001$

Zur Überprüfung der Robustheit der mithilfe des *Index of Political Constraints* festgestellten Zusammenhänge wurden Vetospielereffekte zusätzlich mit dem CHECKS-Index von Beck et al. operationalisiert. Betrachtet man den bivariaten Zusammenhang zwischen CHECKS und Veränderungen der Außenhandelsquote ergibt sich ein ganz ähnliches Bild wie für POLCONIII. Geringe Varianzaufklärung des Modells, doch hochsignifikanter, negativ-linearer Zusammenhang. Die H1 würde durch die bivariate Beziehung abermals bestätigt.

Doch im Unterschied zu POLCONIII zeigt der CHECKS auch im multivariaten Modell drei einen die Hypothese bestätigenden Effekt. Die Beziehung zwischen CHECKS und Veränderungen der Außenhandelsquote bleibt weiterhin negativ-linear und ist signifikant. Zudem ist

---

[66] In der Tabelle berücksichtigt werden alle Variablen mit Ausnahme der *fixed effects*. Da die Berücksichtigung der Kontrollvariable zu Veränderungen der Arbeitslosenrate zu einer drastischen Reduktion der Fallzahlen führt, wurde Modell 3 unter Ausschluss der Arbeitslosenrate wiederholt. Die Kontrollanalyse unter Ausschluss der Arbeitslosenrate ergibt – bezogen auf CHECKS - keinen stärkeren Koeffizienten.

Referenzkategorien der Dummy-Variablen zu Region und Zeitraum sind der Regionendummy für Europa und Zentralasien sowie der Jahresdummy für das Jahr 1998.

ein Beta-Wert von -0,099* - wenn auch für sich genommen schwacher – im Vergleich zum POLCONIII in Tabelle 2 ein bedeutend größerer Wert. Zum Vergleich: Das Ausgangsniveau der Außenhandelsquote hat nun lediglich noch einen 4,15mal größeren Einfluss auf Veränderungen der Außenhandelsquote als CHECKS. Und auch die Varianzaufklärung des Modells 2 steigt leicht an, sobald man CHECKS als zusätzlichen Regressor mit einbezieht. Insgesamt würde die H1 also vor dem Hintergrund von Tabelle 3 bestätigt werden. Je größer die Anzahl und ideologische Distanz der Vetospieler, desto größer ist die über Veränderungen der Außenhandelsquote erfasste Policy-Stabilität in der Außenwirtschaftspolitik von Entwicklungs- und Schwellenländern.

Policy-Stabilität wurde neben Veränderungen der Außenhandelsquote alternativ über im TRADE-Datensatz von Christian Martin erfassten Veränderungen der Außenhandelsregulierung operationalisiert. Deshalb kann ein finales Urteil über Annahme oder Ablehnung der H1 erst nach Analyse der Zusammenhänge zwischen POLCONIII, POLCONV, CHECKS und Veränderungen der Außenhandelsregulierung gefällt werden.

Tabelle 4: POLCONIII/Außenhandelsregulierung (Lineare Regression)[67]

	Modell 1	Modell 2	Modell 3
POLCONIII	0,023		-0,038
Ausgangsniveau		0,075	0,079
BIP pro Kopf		-0,128*	-0,124*
BIP		-0,040	-0,047
Veränderung Arbeitslosenrate		0,068	0,066
Veränderung Inflationsrate		-0,078	-0,075
Wirtschaftswachstum		-0,045	-0,046
Veränderung Schuldenstand		0,018	0,020
Mitglied regionale Handelsorganisation		-0,029	-0,018
Mitglied GATT/WTO		0,082	0,092
R² (korrigiert)	0,000	0,037	0,036
N	1620	491	491

Angaben: standardisierte Beta-Koeffizienten; *: $p < 0,05$; **: $p < 0,01$; ***: $p < 0,001$

Zunächst einmal fällt auf, dass bis auf das BIP pro Kopf kein Zusammenhang – auch der bivariate nicht – signifikant ist. Doch bei Vernachlässigung der Signifikanzen ergeben sich erwähnenswerte Befunde. Im bivariaten Modell müsste H1 klar verworfen werden. Der Beta-Koeffizient weist in eine der Theorie entgegengesetzte Richtung. Das heißt mit größerer Anzahl und ideologischer Distanz der Vetospieler steigt die Wahrscheinlichkeit einer Änderung des Status Quo. Ein solcher Befund ließe sich für eine Analyse ehemaliger Teilrepubliken der Sowjetunion direkt nach dem Zusammenbruch der UdSSR analog Frye/Mansfield (2003) interpretieren, im Ländersample der vorliegenden Analyse bedeutet er die Ablehnung der H1. Zudem ist die Varianzaufklärung der bivariaten Regressionsgleichung gleich 0.

---

[67] In der Tabelle berücksichtigt werden alle Variablen mit Ausnahme der *fixed effects*. Da die Berücksichtigung der Kontrollvariable zu Veränderungen der Arbeitslosenrate zu einer drastischen Reduktion der Fallzahlen führt, wurde Modell 3 unter Ausschluss der Arbeitslosenrate wiederholt. Die Kontrollanalyse unter Ausschluss der Arbeitslosenrate ergibt – bezogen auf POLCONIII - keinen bedeutend stärkeren Koeffizienten, zudem ist dieser positiv.

Referenzkategorien der Dummy-Variablen zu Region und Zeitraum sind der Regionendummy für Europa und Zentralasien sowie der Jahresdummy für das Jahr 1998.

Es fällt jedoch auf, dass sich der Beta-Wert des POLCONIII unter Hinzufügen der Kontrollvariablen umkehrt und stärker wird (0,023 in Modell 1 gegenüber -0,038 in Modell 3). Doch bleibt POLCONIII auch multivariat insignifikant. Zusätzlich führt ein Vergleich der Varianzaufklärung zwischen Modell 2 und Modell 3 auch bei Vernachlässigen der Signifikanzen zur Feststellung, dass POLCONIII die Varianzaufklärung des Regressionsmodells nicht erhöht. Insgesamt gilt die Hypothese H1 vor dem Hintergrund von Tabelle 4 als verworfen. Eine größere Anzahl und ideologische Distanz der Vetospieler hat keinen Einfluss auf die über Veränderungen der Außenhandelsregulierung operationalisierte Policy-Stabilität in der Außenwirtschaftspolitik.

Tabelle 5: CHECKS/Außenhandelsregulierung (Lineare Regression)[68]

	Modell 1	Modell 2	Modell 3
CHECKS	-0,013		-0,038
Ausgangsniveau		0,075	0,075
BIP pro Kopf		-0,128*	-0,128*
BIP		-0,040	-0,041
Veränderung Arbeitslosenrate		0,068	0,075
Veränderung Inflationsrate		-0,078	-0,078
Wirtschaftswachstum		-0,045	-0,049
Veränderung Schuldenstand		0,018	0,017
Mitglied regionale Handelsorganisation		-0,029	-0,022
Mitglied GATT/WTO		0,082	0,086
R² (korrigiert)	0,000	0,037	0,039
N	1570	491	487

Angaben: standardisierte Beta-Koeffizienten; *: $p < 0,05$; **: $p < 0,01$; ***: $p < 0,001$

---

[68] In der Tabelle berücksichtigt werden alle Variablen mit Ausnahme der *fixed effects*. Da die Berücksichtigung der Kontrollvariable zu Veränderungen der Arbeitslosenrate zu einer drastischen Reduktion der Fallzahlen führt, wurde Modell 3 unter Ausschluss der Arbeitslosenrate wiederholt. Die Kontrollanalyse unter Ausschluss der Arbeitslosenrate ergibt – bezogen auf CHECKS - keinen stärkeren Koeffizienten.

Referenzkategorien der Dummy-Variablen zu Region und Zeitraum sind der Regionendummy für Europa und Zentralasien sowie der Jahresdummy für das Jahr 1998.

Zunächst einmal fallen auch in Tabelle 5 die durchweg insignifikanten Effekte auf. Lediglich der Zusammenhang zwischen BIP pro Kopf und Veränderungen der Außenhandelsregulierung ist statistisch signifikant. Bei Vernachlässigung der Signifikanzen zeigen die Beta-Koeffizienten des CHECKS in die theoretische postulierte Richtung. Eine größere Anzahl und größere ideologische Distanz der Vetospieler führt zu weniger Veränderungen der Außenhandelsregulierung. Doch zeigt die Varianzaufklärung der Modelle, dass CHECKS allein keinerlei Varianz von Veränderungen der Außenhandelsregulierung erklären kann. Zwar verändert sich die Varianzaufklärung zwischen Modell 2 und 3, sodass das Hinzufügen des CHECKS die Varianzaufklärung des Gesamtmodells erhöht. Allerdings führt vor allem die fehlende Varianzaufklärung des bivariaten Modells zu der Feststellung, dass die Hypothese H1 auch vor dem Hintergrund der Tabelle 5 verworfen werden muss. Zudem zeigt ein Blick in die Kollinearitätsstatistik von Modell 3, dass 34% der Varianz des CHECKS durch die anderen unabhängigen Variablen erklärt werden.

Der theoretisch postulierte Zusammenhang – größere Policy-Stabilität bei größerer Anzahl und ideologischer Distanz der Vetospieler – findet sich in der Gesamtbetrachtung lediglich in zwei von sechs Fällen, im Modell CHECKS/ Veränderungen der Außenhandelsquote sowie bei Vernachlässigung der Signifikanzen mit Einschränkungen im Modell POLCONV/ Veränderungen der Außenhandelsquote (Tabelle 9 im Anhang). Die in der bivariaten Analyse festgestellten Zusammenhänge heben sich in vier von sechs multivariaten Modellen auf. Insgesamt muss die Hypothese H1 deshalb verworfen werden. Die Null-Hypothese wird angenommen. Die Anzahl und ideologische Distanz der Vetospieler hat keinen Einfluss auf die Policy-Stabilität in der Außenwirtschaftspolitik von Entwicklungs- und Schwellenländern[69].

Bei differenzierter Betrachtung zeigen sich zwar Unterschiede zwischen den verschiedenen Operationalisierungen. So kann die Varianz von Veränderungen der Außenhandelsquote durchweg besser durch Vetospielervariablen und das Gesamtmodell erklärt werden als die

---

[69] Auch die Regression für POLCONV/ Außenhandelsregulierung (Tabelle 10 im Anhang) ändert an diesem Befund nichts. Lediglich die multivariate Regressionsgleichung für CHECKS/ Außenhandelsquote zeigt einen signifikanten Effekt in die theoretisch erwartete Richtung.

Henisz/Mansfield (2006) weisen auf einen intervenierenden Effekt der Vetospieler zwischen Krisenindikatoren – vor allem Arbeitslosigkeit – und Veränderungen in der Außenwirtschaftspolitik hin. Vetospielereffekte stellten sich erst bei Berücksichtigung von Arbeitslosigkeit ein. Doch auch Regressionen für Interaktionsterme aus POLCONIII, POLCONV, CHECKS und Niveaus der Arbeitslosenrate führen – bezogen auf Beta-Werte und Varianzaufklärung – nicht zu einer notwendigen Neubewertung von Vetospielereffekten in der Außenwirtschaftspolitik. Im Gegenteil, die gleichbleibend niedrigen Beta und R^2-Werte bestärken die getroffene Entscheidung zu Ablehnung der H1.

Varianz von Veränderungen der Außenhandelsregulierung. Auch zwischen den Operationalisierungen der Vetospielereffekte zeigen sich konstante Unterschiede. Betrachtet man die jeweiligen Beta-Werte der Vetospielerindizes im Verhältnis zu den relativ konstanten und durchweg signifikanten Beta-Werten des BIP pro Kopf sowie die Veränderungen der Varianzaufklärung unter Hinzunahme der Vetospielervariablen zeigt CHECKS durchweg stärkere Effekte als POLCONV und POLCONII sowie POLCONV wiederum durchweg stärkere als POLCONIII[70]. Doch kann die Gesamtbetrachtung der empirischen Befunde nicht zur Bestätigung der H1 führen.

6.3.2 Überprüfung der Hypothese H2

Wie in Kapitel 4 und bei der Operationalisierung der Vetospieler beschrieben, soll Tsebelis' zentrale Hypothese über die ideologische Distanz von Vetospielern separat mithilfe des POLARIZ aus dem Datensatz von Beck et al. überprüft werden. Mit größerer ideologischer Distanz beziehungsweise kleinerer inhaltlicher Kongruenz der Vetospieler erwartet Tsebelis ein höheres Ausmaß an Policy-Stabilität. Es gilt deshalb, dass mit höheren Werten des POLARIZ weniger Veränderungen der Außenhandelsquote und -regulierung verbunden sein sollten, um H2 zu bestätigen. Auch hier wird theoretisch also ein negativ-linearer Zusammenhang erwartet.

---

[70] Ein interessanter Nebenbefund ist, dass POLCONV für Veränderungen der Außenhandelsquote im Sinne der theoretischen Erwartungen deutlich bessere Ergebnisse liefert als POLCONIII (vgl. Tabelle 2 und Tabelle 9). Beide unterscheiden sich lediglich dadurch, dass POLCONV zusätzlich eine unabhängige Judikative sowie föderalistische Einflüsse betrachtet. Der Befund, dass eine Variable unter Einbezug einer unabhängigen Judikative bei ähnlicher Fallzahl einen Vetospielereffekt stärker abbildet als eine Variable ohne Berücksichtigung judikativer Vetospieler, könnte dem theoretischen Diskurs über die Wertung einer Judikative – insb. eines Verfassungsgerichts – als Vetospieler neue Nahrung geben.

Tabelle 6: POLARIZ/Außenhandelsquote (Lineare Regression)[71]

	Modell 1	Modell 2	Modell 3
POLARIZ	-0,106***		-0,082
Ausgangsniveau		0,402***	0,290***
BIP pro Kopf		-0,226***	-0,257***
BIP		0,059	0,035
Veränderung Arbeitslosenrate		0,036	0,040
Veränderung Inflationsrate		-0,080*	-0,116**
Wirtschaftswachstum		-0,173***	-0,152**
Veränderung Schuldenstand		0,009	0,015
Mitglied regionale Handelsorganisation		0,205***	0,220***
Mitglied GATT/WTO		-0,076	-0,063
R^2 (korrigiert)	0,011	0,210	0,185
N	1661	508	449

Angaben: standardisierte Beta-Koeffizienten; *: $p < 0,05$; **: $p < 0,01$; ***: $p < 0,001$

Die bivariate Beziehung zwischen ideologischer Distanz der Vetospieler und Policy-Stabilität entspricht der Hypothese H2. Der Beta-Koeffizient ist negativ und signifikant, Modell 1 kann einen kleinen Teil der Varianz von Veränderungen der Außenhandelsquote erklären. Mit größerer ideologischer Distanz sinkt die Wahrscheinlichkeit von Veränderungen der Außenhandelsquote, die über diese Veränderungen operationalisierte Policy-Stabilität steigt. Hypothese H2 wäre bestätigt. Der Beta-Koeffizient des POLARIZ ist im multivariaten Modell 3 ebenfalls negativ, wenn auch nicht signifikant. Bei Vernachlässigung der Signifikanzen könnte die H2 also auch bei Betrachtung von Modell 3 zu diesem Zeitpunkt bestätigt werden. Doch zeigt die Veränderung der Varianzaufklärung unter Hinzufügen des POLARIZ, dass Modell 2 deut-

---

[71] In der Tabelle berücksichtigt werden alle Variablen mit Ausnahme der *fixed effects*. Da die Berücksichtigung der Kontrollvariable zu Veränderungen der Arbeitslosenrate zu einer drastischen Reduktion der Fallzahlen führt, wurde Modell 3 unter Ausschluss der Arbeitslosenrate wiederholt. Die Kontrollanalyse unter Ausschluss der Arbeitslosenrate ergibt – bezogen auf POLARIZ - keinen bedeutend stärkeren Koeffizienten.

Referenzkategorien der Dummy-Variablen zu Region und Zeitraum sind der Regionendummy für Europa und Zentralasien sowie der Jahresdummy für das Jahr 1998.

lich mehr Varianz erklären kann als Modell 3. Das Hinzufügen einer Vetospielervariable führt zur Reduktion der Varianzaufklärung. Die gesamte Varianz wird nach wie vor durch Kontrollvariablen erklärt. POLARIZ hat keinen beziehungsweise sogar einen verringernden Einfluss auf die Erklärungskraft des Modells. Die Kollinearitätsstatistik zeigt außerdem, dass fast 30% der Varianz der ideologischen Distanz der Vetospieler durch die Kontrollvariablen erklärt werden. Insgesamt führt vor allem die fehlende Steigerung der Varianzaufklärung unter Hinzunahme des POLARIZ zur Schlussfolgerung, dass H2 in Anbetracht von Tabelle 6 verworfen werden müsste. Die Varianz von Veränderungen der Außenhandelsquote kann durch die reine Aufnahme der Kontrollvariablen (Modell 2) sogar deutlich besser erklärt werden als unter zusätzlicher Berücksichtigung des POLARIZ (Modell 3). Die ideologische Distanz der Vetospieler hat keinen Einfluss auf die über Veränderungen der Außenhandelsquote operationalisierte Policy-Stabilität.

Für ein finales Urteil über H2 soll wie schon für H1 zusätzlich die alternative Operationalisierung von Policy-Stabilität – Veränderungen der Außenhandelsregulierung – betrachtet werden.

Tabelle 7: POLARIZ/Außenhandelsregulierung (Lineare Regression)[72]

	Modell 1	Modell 2	Modell 3
POLARIZ	0,011		-0,082
Ausgangsniveau		0,075	0,096
BIP pro Kopf		-0,128*	-0,178**
BIP		-0,040	-0,023
Veränderung Arbeitslosenrate		0,068	0,081
Veränderung Inflationsrate		-0,078	-0,073
Wirtschaftswachstum		-0,045	-0,047
Veränderung Schuldenstand		0,018	0,013
Mitglied regionale Handelsorganisation		-0,029	0,017
Mitglied GATT/WTO		0,082	0,088
R^2 (korrigiert)	0,000	0,037	0,043
N	1438	491	437

Angaben: standardisierte Beta-Koeffizienten; *: $p < 0{,}05$; **: $p < 0{,}01$; ***: $p < 0{,}001$

Die bivariate Beziehung zwischen POLARIZ und Veränderungen der Außenhandelsregulierung ist positiv linear. Bei alleiniger Betrachtung des Modells 1 müsste H2 verworfen werde. Eine größere ideologische Distanz der Vetospieler ist nicht mit größerer sondern sogar kleinerer Policy-Stabilität verbunden. Zudem ist die bivariate Beziehung nicht signifikant und POLARIZ kann bivariat 0% der Varianz von Veränderungen der Außenhandelsregulierung erklären. H2 müsste in jedem Fall verworfen werden.

Durch Berücksichtigung der Kontrollvariablen kehrt sich der Effekt der ideologischen Distanz der Vetospieler in die theoriekonforme Richtung um. Mit größerer ideologischer Distanz sinkt die Wahrscheinlichkeit einer Änderung des Status Quo. Zwar ist der Koeffizient nicht signifi-

---

[72] In der Tabelle berücksichtigt werden alle Variablen mit Ausnahme der *fixed effects*. Da die Berücksichtigung der Kontrollvariable zu Veränderungen der Arbeitslosenrate zu einer drastischen Reduktion der Fallzahlen führt, wurde Modell 3 unter Ausschluss der Arbeitslosenrate wiederholt. Die Kontrollanalyse unter Ausschluss der Arbeitslosenrate ergibt – bezogen auf POLARIZ - keinen stärkeren Koeffizienten.

Referenzkategorien der Dummy-Variablen zu Region und Zeitraum sind der Regionendummy für Europa und Zentralasien sowie der Jahresdummy für das Jahr 1998.

kant, doch würde seine Richtung bei Vernachlässigung der Signifikanzen die theoretischen Erwartungen bestätigen. Auch die Varianzaufklärung steigt beim Sprung von Modell 2 zu Modell 3 durch das Hinzufügen einer Variable, die die ideologische Distanz der Vetospieler erfasst.

Doch insbesondere die nicht-vorhandene Varianzaufklärung des bivariaten Modells führt letztendlich zu der Erkenntnis, dass die ideologische Distanz der Vetospieler keinen bedeutenden Einfluss auf Veränderungen der Außenhandelsregulierung hat. Die Kollinearitätsstatistik weist zudem darauf hin, dass nahezu 30% der Varianz des POLARIZ durch die Kontrollvariablen erklärt werden. Ein weiteres Indiz dafür, dass die ideologische Distanz der Vetospieler keinen Einfluss auf die hier operationalisierte Policy-Stabilität in der Außenwirtschaftspolitik ausübt.

Insgesamt muss auch die Hypothese H2 in Anbetracht der untersuchten Modelle verworfen werden. Tsebelis' zentrale Hypothese – größere Policy-Stabilität bei größerer ideologischer Distanz der Vetospieler – kann durch die empirischen Befunde nicht bestätigt werden.

6.3.3 Heteroskedastizität

Heteroskedastizität meint die ungleiche Varianz der Störterme und tritt auf, falls die Varianz der Residuen in irgendeiner Weise von der Ausprägung unabhängiger Variablen abhängt (Hackl 2005: S.174 ff.). Die Varianz der Störterme ist nicht mehr konstant sondern steigt oder sinkt abhängig von der Ausprägung unabhängiger Variablen. Generell kann von heteroskedastischen Zusammenhängen ausgegangen werden, wenn es keine plausiblen Gründe für das Gegenteil gibt. Für die vorliegende Analyse sind plausible Gründe für Homoskedastizität schwer denkbar, da schon die Theorie selbst heteroskedastische Zusammenhänge annimmt. Mit größerer Anzahl sowie ideologischer Distanz der Vetospieler sinkt die Varianz von Veränderungen des Status Quo, da die Policy-Stabilität steigt. Die Varianz der abhängigen Variablen wird durch die Ausprägungen in den Vetospielervariablen beeinflusst. Auch für Ausprägungen im BIP – große Volkswirtschaften ändern ihre Außenwirtschaftspolitik häufiger als kleine – sind heteroskedastische Zusammenhänge denkbar. Kurzum: Es besteht ein begründeter Verdacht für Heteroskedastizität. Heteroskedastizität kann dazu führen, dass Standardfehler und Signifikanzniveaus aufgrund der falschen Annahme zufälliger Varianz der Residuen – Homoskedastizität - verzerrt dargestellt sind. Den Wert der Schätzer selbst beeinflusst Heteroskedastizität nicht. Da Signifikanzen in der vorliegenden Analyse im Grunde vernachlässigt werden können, erübrigt sich streng genommen eine Prüfung auf Heteroskedastizität. Signifikanzen werden jedoch als Wert für die Güte der Zusammenhänge ausgewiesen und so soll auch die empirische Überprüfung des Verdachts heteroskedastischer Zusammenhänge Teil der Analyse sein.

Die graphische Gegenüberstellung von Residuen und vorhergesagten Werten der abhängigen Variablen im Streudiagramm bekräftigt durch die entsprechende Streuung den Verdacht heteroskedastischer Zusammenhänge für alle acht multivariaten Regressionen (Krapp/Nebel 2011: S.116 f.). Da SPSS keine Verfahren jenseits der grafischen Überprüfung vermuteter Heteroskedastizität erlaubt, wurde der Verdacht heteroskedastischer Zusammenhänge zusätzlich in STATA mithilfe von Breusch-Pagan/Cook-Weisberg - Tests überprüft. Insgesamt gilt, dass die Hypothese homoskedastischer Zusammenhänge durchweg verworfen werden muss. Es liegt – wie vermutet und theoretisch erwartet - Heteroskedastizität vor. Daraufhin wurden die multivariaten Regressionen in STATA unter Annahme robuster Standardfehler wiederholt, um falschen Interpretationen aufgrund von verzerrten Standardfehlern und somit Signifikanztests zu begegnen. Auch unter Annahme robuster Standardfehler bleiben die Befunde der vorliegenden Analyse insgesamt stabil. Tendenziell steigen die Signifikanzniveaus unter Annahme robuster Standardfehler. Dennoch bleiben die für die Hypothesen relevanten Vetospielervariablen weiterhin im Großteil insignifikant[73]. Ihre Beta-Koeffizienten verändern sich ohnehin nicht. In jedem Fall verzerrt die vorliegende Heteroskedastizität die Ergebnisse der Analyse nicht. Eine Neubewertung der statistischen Ergebnisse aufgrund von Heteroskedastizität ist nicht notwendig.

---

[73] Eine Ausnahme bildet der CHECKS für Veränderungen der Außenhandelsquote, der unter Annahme robuster Standardfehler – mit einer nun kleineren Irrtumswahrscheinlichkeit $p < 0,01$ -weiterhin signifikant bleibt.

7 Interpretation der Ergebnisse

Führt die bivariate Korrelationsmatrix zumindest noch teilweise zur empirischen Bestätigung der aufgestellten Hypothesen, verschwinden die Einflüsse der Vetostrukturen in der multivariaten Analyse in mindestens sechs von acht Modellen. Eine mögliche Interpretation dieser Befunde ist, dass sowohl unabhängige als auch abhängige Variablen die Theorie und Policy-Stabilität fehlerhaft operationalisieren und aufgrund dessen Vetospielereffekte in der großen Mehrheit der Modelle ausbleiben. Dafür sprechen die genannten, mit der Verwendung des *Index of Political Constraints* verbundenen, Ungenauigkeiten und Probleme. Insbesondere die hypothetische Herleitung ideologischer Distanzen ist mit Risiken verbunden (s. Kapitel 5.2.1.1). Dies zeigt sich nicht zuletzt in den Ergebnissen für die Verwendung des CHECKS, der für Veränderungen der Außenhandelsquote auch multivariat einen signifikanten Vetospielereffekt in die theoretisch erwartete Richtung feststellt.

Neben ungenauer Messung der Vetospielereffekte könnten auch die abhängigen Variablen Policy-Stabilität inadäquat erfassen. Die Außenhandelsquote ist eine makroökonomische Effektvariable, deren Veränderungen direkt durch makroökonomische Größen jenseits der direkten politischen Einflusssphäre beeinflusst werden. Demgegenüber kommt der TRADE von Christian Martin der politischen Sphäre schon deutlich näher, da eine im TRADE gemessene Änderung der Außenhandelsregulierung ohne Zustimmung relevanter Vetospieler schwer vorstellbar ist. Doch spricht ebenso Einiges für eine unscharfe Abbildung der Policy-Stabilität durch Veränderungen im TRADE, da dieser aufgrund seiner Konstruktionsregeln Policy-Stabilität systematisch über- und Policy-Wandel systematisch unterschätzt (s. Kapitel 5.2.2.2)

Im Fall ungenügender Operationalisierungen würde das Ergebnis der vorliegenden Analyse nicht zum Zweifel an der generellen Gültigkeit der Theorie von George Tsebelis berechtigen, da empirische Zusammenhänge durch die Variablen inadäquat erfasst sind. Dieser Interpretation kann jedoch mit dem Einwand begegnet werden, dass sowohl unabhängige wie abhängige Variablen aufgrund erkannter Probleme über zahlreiche Operationalisierungen in die Analyse einbezogen wurden. Durch die Erfassung der Einflüsse in insgesamt acht Modellen betreibt die vorliegende großen Aufwand, um dem Einwand ungültiger Operationalisierungen zu begegnen. Zu guter Letzt entkräftet Tsebelis selbst eine Interpretation in Richtung ungenügender Operationalisierungen, indem er den *Index of Political Constraints* für seine eigenen Analysen verwendet und dessen konzeptionelle Nähe zu seiner Theorie betont (s. Kapitel 5.2.2.1). Auch bezogen auf die abhängigen Variablen formuliert Tsebelis selbst den stärksten

Einwand gegen die Interpretation fehlerhafter Operationalisierungen, indem er die Validität seiner Hypothesen explizit auf *Outcome*-Variablen erweitert (s. Kapitel 5.2.2.1). Damit bleiben mindestens die für Veränderungen der Außenhandelsquote festgestellten Effekte vom Einwand fehlerhafter Messung verschont. Vielversprechender ist deshalb eine andere Interpretation der empirischen Befunde.

Die Außenwirtschaftspolitik der Entwicklungs- und Schwellen ist ein zu harter Fall für Tsebelis' Theorie. Durchgehend hohe Beta-Werte für sozioökonomische Variablen und Ausgangsniveaus bei gleichzeitig durchweg schwachen Beta-Werten und geringer bis keiner Varianzaufklärung der Vetospielervariablen zeigen deutlich: Policy-Stabilität in der Außenwirtschaftspolitik der untersuchten Staaten kann nicht hinreichend durch Unterschiede in ihren Vetostrukturen erklärt werden. Vielmehr sind Veränderungen der Außenwirtschaftspolitik im Ländersample geprägt durch sozioökonomische Zwänge und so ist Policy-Stabilität in der Außenwirtschaftspolitik der Entwicklungs- und Schwellenländer letztlich das Ergebnis von sozioökonomischer Stabilität und Pfadabhängigkeiten[74].

Mit diesem Ergebnis ist Tsebelis' Theorie nicht widerlegt, doch sind gemäß den in der Einleitung angesprochenen Stufen der Erkenntnissicherheit berechtigte Zweifel an der generellen Validität der Vetospielertheorie angebracht. Insbesondere der nicht-vorhandene Einfluss der zentralen Variable im theoretischen Konstrukt – der ideologischen Distanz beziehungsweise inhaltlichen Kongruenz der Vetospieler – ist ein deutlicher Widerspruch zum Postulat größerer Policy-Stabilität bei größerer Distanz der Vetospieler.

Die Ergebnisse der Analyse haben neben hauptsächlich für den politikwissenschaftlichen Theoriediskurs relevanten Schlussfolgerungen auch die in der Einleitung angesprochenen fallorientierten Implikationen. So können Reformprozesse in der Außenwirtschaftspolitik von Entwicklungs- und Schwellenländern nicht hinreichend durch ihre Vetostrukturen erklärt werden. Die Häufigkeit der Reformprozesse kann durch die Vetospielertheorie nicht systematisch erfasst werden. Vielmehr folgen die Reformprozesse sozioökonomischen Gesetzmäßig-

---

[74] Die für die Gesamtmodelle durchweg nicht überzeugenden Varianzaufklärungen sprechen dafür, dass die Außenwirtschaftspolitik der Entwicklungs- und Schwellenländer zudem stark von Variablen jenseits der hier operationalisierten beeinflusst wird. Doch war und ist das Ziel der Analyse nicht eine möglichst große Varianzaufklärung von Policy-Stabilität in der Außenwirtschaftspolitik, sondern die möglichst genaue Messung des Einflusses von Vetostrukturen. Deren Einfluss konnte durch die einbezogenen Kontrollvariablen in der Mehrzahl der Modelle als nicht vorhanden festgestellt werden.

keiten, sind viel stärker das Ergebnis funktionalistischer Einflüsse als das Resultat der Anzahl und ideologischen Distanz nationaler Vetospieler.

8 Schluss

Ziel der vorliegenden Studie war es, festzustellen, ob Reformprozesse in der Außenwirtschaftspolitik von Entwicklungs- und Schwellenländer durch Unterschiede in ihren Vetostrukturen erklärt werden können. Die Studie wollte damit untersuchen, ob die Vetospielertheorie von George Tsebelis der empirischen Überprüfung an einem zweifach harten Fall standhalten kann.

Im Theoriekapitel wurden die theoretischen Annahmen und Postulate der Vetospielertheorie detailliert erläutert und für den Kontext der späteren Analyse präzisiert. Trotz berechtigter Kritik an der Theorie selbst stellte sie sich insbesondere aufgrund der theoretischen Modellierung von Policy-Präferenzen als „*superior*" (Jahn 2010: S.65) gegenüber alternativen Ansätzen zur Analyse von Vetostrukturen heraus.

Auf Basis der Theorie konnten mit Ausnahme der Kohäsion klare Hypothesen für die spätere Analyse aufgestellt werden. Die folgende Operationalisierung hat gezeigt, dass die bestehenden Indizes zur Messung von Vetospielereffekten – insbesondere solche, die für eine große Anzahl von Staaten und Zeiträumen verfügbar sind – große Optimierungspotentiale für zukünftige Forschung bieten. Ein Einbezug der für die vorliegende Analyse so wichtigen Vetospieler jenseits der nationalen Entscheidungsarena verspricht eine präzisere Abbildung empirischer Zusammenhänge. Doch vor allem der kritische Diskurs über die fehlende oder meist eindimensionale Messung von Policy-Präferenzen sollte intensiv fortgesetzt werden. Der erweiterte Vetospielerindex von Detlef Jahn (2010) ist ein erster Schritt in die richtige Richtung.

Nach kritischer Darstellung der verwandten Operationalisierungen unterzog die Analyse die postulierte generelle Gültigkeit der Vetospielertheorie von George Tsebelis einer kritischen Prüfung. Die Befunde haben gezeigt, dass die Hypothesen im Großteil der Modelle und damit insgesamt verworfen werden müssen. Die Anzahl und ideologische Distanz der Vetospieler hat keinen Einfluss auf die Policy-Stabilität in der Außenwirtschaftspolitik von Entwicklungs- und Schwellenländern. Die Untersuchung hat klar herausgestellt, dass sich die Außenwirtschaftspolitik der Entwicklungs- und Schwellenländer als zu harter Fall für Tsebelis' Hypothesen erweist.

Trotz der empirischen Befunde und theoretischen Kritik bleibt die Vetospielertheorie von George Tsebelis eine „*good theory*" (Hallerberg 2010:S:21). Ihre theoretischen Erwartungen sind klar formuliert, die Theorie kommt – abgesehen von Transaktionskosten und Seitenzahlungen – ohne restriktive Antezedenzbedingungen aus und durch ihre Komplexität ist sie alternativen Ansätzen zur Analyse von Vetostrukturen überlegen. Doch sind mindestens an der generellen Validität der theoretischen Zusammenhänge berechtigte Zweifel angebracht.

Diese berechtigten Zweifel ermutigen zu weiteren kritischen Überprüfungen der theoretischen Erwartungen von George Tsebelis. Für zukünftige Untersuchungen bleibt in Bezug auf diese Studie insbesondere zu prüfen, inwiefern die Befunde auf das Ländersample der Entwicklungs- und Schwellenländer oder das Politikfeld der Außenwirtschaftspolitik beschränkt bleiben müssen. Zukünftige Analysen könnten also entweder ein anderes Politikfeld im gleichen Ländersample oder das gleiche Politikfeld in einem anderen Ländersample untersuchen. Vor dem Hintergrund der im Vergleich zur Fülle an Untersuchungen für wirtschaftlich entwickelte Staaten relativ geringen Anzahl systematischer Betrachtungen von Entscheidungs- und Reformprozessen in Entwicklungs- und Schwellenländern erscheint es besonders wichtig, die Gültigkeit der Aussage von König/Debus - „*work on developing countries is encouraging*" (König/Debus 2010: S.274) – weiterhin kritisch zu prüfen.

Anhang

Tabelle 7: Ländersample der Analyse[75]

1. Afghanistan*
2. Ägypten
3. Albanien
4. Algerien
5. Angola
6. Antigua und Barbuda*
7. Äquatorial Guinea*
8. Argentinien
9. Armenien
10. Aserbaidschan
11. Äthiopien
12. Bangladesch
13. Barbados*
14. Belize*
15. Benin
16. Bhutan
17. Bolivien
18. Bosnien und Herzegowina
19. Botsuana
20. Brasilien
21. Burkina Faso
22. Burundi
23. Chile
24. China
25. Costa Rica
26. Dem. Rep. Kongo
27. Dominika*
28. Dominikanische Rep.
29. Dschibuti*
30. Ekuador
31. El Salvador
32. Elfenbeinküste
33. Eritrea
34. Fidschi*
47. Indonesien
48. Iran
49. Jamaika
50. Jordanien
51. Kambodscha
52. Kamerun
53. Kap Verde*
54. Kasachstan
55. Kenia
56. Kiribati*
57. Kolumbien
58. Komoren*
59. Kroatien
60. Kuba*
61. Laos
62. Lesotho
63. Libanon*
64. Liberia
65. Libyen
66. Madagaskar
67. Malawi
68. Malaysia
69. Malediven*
70. Mali
71. Marokko
72. Mauretanien
73. Mauritius
74. Mazedonien
75. Mexiko
76. Moldawien
77. Mongolei
78. Mosambik
79. Myanmar
80. Namibia
93. Rep. Kirgistan
94. Rep. Kongo
95. Ruanda
96. Sambia
97. Samoa*
98. Saudi Arabien
99. Senegal
100. Seychellen*
101. Sierra Leone
102. Simbabwe
103. Solomon Inseln*
104. Somalia
105. Sri Lanka
106. St. Kitts-Nevis*
107. St. Lucia*
108. St. Vincent und die Grenadinen*
109. Südafrika
110. Sudan
111. Suriname*
112. Swasiland*
113. Syrien
114. Tadschikistan
115. Tansania
116. Thailand
117. Togo
118. Tonga*
119. Trinidad und Tobago
120. Tschad
121. Tunesien
122. Türkei
123. Turkmenistan
124. Uganda
125. Ukraine
126. Uruguay

---

[75] Folgende, ebenfalls auf der Liste des DAC 2006 aufgeführte Gebiete sind beziehungsweise waren im Untersuchungszeitraum keine eigenständigen, international hinreichend anerkannten Staaten und werden prinzipiell nicht in die Analyse einbezogen: Anguilla, Mayotte, Montenegro, Montserrat, die Palästinensergebiete, St. Helena, Tokelau, die Turks- und Caicosinseln sowie Wallis und Futuna.

Aufgrund mangelnder Datenverfügbarkeit können folgende Staaten, die 2006 ebenfalls auf der Liste des DAC stehen, nicht betrachtet werden: die Cook Inseln, der Irak, die Dem. Rep. Korea, die Marshall Inseln, Mikronesien, Nauru, Niue, Sao Tome und Principe, Serbien (im Untersuchungszeitraum Serbien und Montenegro; Montenegro ist seit 2006 unabhängig), Timor-Leste und Tuvalu.

35. Gabun	81. Nepal	127. Usbekistan
36. Gambia	82. Nicaragua	128. Vanuatu*
37. Georgien	83. Niger	129. Venezuela
38. Ghana	84. Nigeria	130. Vietnam
39. Grenada*	85. Oman	131. Weißrussland
40. Guatemala	86. Pakistan	132. Yemen
41. Guinea	87. Palau*	133. Zentralafrikanische Rep.
42. Guinea-Bissau	88. Panama	
43. Guyana*	89. Papua Neu Guinea	
44. Haiti	90. Paraguay	
45. Honduras	91. Peru	
46. Indien	92. Philippinen	

* keine Daten für TRADE

Tabelle 9: POLCONV/Außenhandelsquote (Lineare Regression)[76]

	Modell 1	Modell 2	Modell 3
POLCONV	-0,139***		-0,062
Ausgangsniveau		0,402***	0,421***
BIP pro Kopf		-0,226***	-0,208***
BIP		0,059	0,057
Veränderung Arbeitslosenrate		0,036	0,037
Veränderung Inflationsrate		-0,080*	-0,076
Wirtschaftswachstum		-0,173***	-0,183***
Veränderung Schuldenstand		0,009	0,010
Mitglied regionale Handelsorganisation		0,205***	0,222***
Mitglied GATT/WTO		-0,076	-0,060
R² (korrigiert)	0,019	0,210	0,220
N	1800	508	485

Angaben: standardisierte Beta-Koeffizienten; *: $p < 0,05$; **: $p < 0,01$; ***: $p < 0,001$

---

[76] In der Tabelle berücksichtigt werden alle Variablen mit Ausnahme der *fixed effects*. Da die Berücksichtigung der Kontrollvariable zu Veränderungen der Arbeitslosenrate zu einer drastischen Reduktion der Fallzahlen führt, wurde Modell 3 unter Ausschluss der Arbeitslosenrate wiederholt. Die Kontrollanalyse unter Ausschluss der Arbeitslosenrate ergibt – bezogen auf POLCONV - keinen bedeutend stärkeren Koeffizienten.

Referenzkategorien der Dummy-Variablen zu Region und Zeitraum sind der Regionendummy für Europa und Zentralasien sowie der Jahresdummy für das Jahr 1998.

Tabelle 10: POLCONV/Außenhandelsregulierung (Lineare Regression)[77]

	Modell 1	Modell 2	Modell 3
POLCONV	0,038		-0,036
Ausgangsniveau		0,075	0,085
BIP pro Kopf		-0,128*	-0,137*
BIP		-0,040	-0,048
Veränderung Arbeitslosenrate		0,068	0,078
Veränderung Inflationsrate		-0,078	-0,076
Wirtschaftswachstum		-0,045	-0,037
Veränderung Schuldenstand		0,018	0,019
Mitglied regionale Handelsorganisation		-0,029	-0,002
Mitglied GATT/WTO		0,082	0,095
R^2 (korrigiert)	0,001	0,037	0,040
N	1600	491	484

Angaben: standardisierte Beta-Koeffizienten; *: $p < 0,05$; **: $p < 0,01$; ***: $p < 0,001$

---

[77] In der Tabelle berücksichtigt werden alle Variablen mit Ausnahme der *fixed effects*. Da die Berücksichtigung der Kontrollvariable zu Veränderungen der Arbeitslosenrate zu einer drastischen Reduktion der Fallzahlen führt, wurde Modell 3 unter Ausschluss der Arbeitslosenrate wiederholt. Die Kontrollanalyse unter Ausschluss der Arbeitslosenrate ergibt – bezogen auf POLCONV - keinen bedeutend stärkeren Koeffizienten, zudem ist dieser positiv.

Referenzkategorien der Dummy-Variablen zu Region und Zeitraum sind der Regionendummy für Europa und Zentralasien sowie der Jahresdummy für das Jahr 1998.

Codebook der Analyse

Landjahr	Land X im Jahr Y
Jahr	Jahr Y
Land	Land X
Region	Region (klassifiziert nach World Development Indicators der Weltbank)
	1 = "Ostasien und Pazifik"
	2 = "Südamerika und Karibik"
	3 = "Subsahara-Afrika"
	4 = "Europa und Zentralasien"
	5 = "Naher Osten und Nordafrika"
	6 = "Südasien"
POLCONIII	POLCON III (Wertebereich 0 bis 1)
POLCONIII_VER	Veränderung des POLCONIII gegenüber Vorjahr (Wertebereich 0 bis 1)
POLCONV	POLCONV (Wertebereich 0 bis 1)
POLCONV_VER	Veränderung des POLCONV gegenüber Vorjahr (Wertebereich 0 bis 1)
DPI_CHECKS	CHECKS (Wertebereich 1 bis kontinuierlich)
DPI_CHECKS_VER	Veränderung des DPI_CHECKS gegenüber Vorjahr (Wertebereich 0 bis kontinuierlich)
DPI_POLARIZ	Ideologische Distanz der Vetospieler (Wertebereich 0 bis 2)
POLCONIII_unempl	Interaktionsterm aus POLCONIII und Arbeitslosenrate
POLCONV_unempl	Interaktionsterm aus POLCONV und Arbeitslosenrate
DPI_CHECKS_unempl	Interaktionsterm aus DPI_CHECKS und Arbeitslosenrate
wdi_ttr	Außenhandelsquote (Summe der Im- und Exporte als Anteil am BIP; %)
wdi_ttr_ver	Veränderung der Außenhandelsquote gegenüber Vorjahr (Prozentpunkte)
wdi_ttr_lev	Ausgangsniveau Außenhandelsquote (Niveau des Vorjahres; %)
TRADE	Regulierungsniveau Außenhandel (Wertebereich 0 bis 7)
TRADE_VER	Veränderung Regulierungsniveau Außenhandel gegenüber Vorjahr (Wertebereich 0 bis 7)
TRADE_LEV	Ausgangsniveau Regulierung Außenhandel (Niveau des Vorjahres; Wertebereich 0 bis 7)
p_polity2	Kombinierter Dem/Auto-Index (Wertebereich -10 bis +10)

demauto	Demokratie/Autokratie Filter (Dummy auf Basis des p_polity2)
	0="Autokratie" (p_polity2 <= 6)
	1="Demokratie" (p_polity2 > 6)
wdi_gdppc	BIP pro Kopf (current US$)
wdi_gdppcgr	Wachstum des BIP pro Kopf gegenüber Vorjahr (%)
wdi_gdp	BIP (current US$)
wdi_gdpgr	Wirtschaftswachstum (%; aus dem Vorjahr)
wdi_unempl	Arbeitslosenrate (% Anteil am Erwerbspersonenpotential; aus dem Vorjahr)
wdi_unemplgr	Veränderung der Arbeitslosenrate (Prozentpunkte; aus dem Vorjahr)
wdi_infl	Inflationsrate (%)
wdi_inflgr	Veränderung der Inflationsrate (Prozentpunkte; aus dem Vorjahr)
wdi_mult_debt	Nationaler Schuldentand bei multilateralen Geberorganisationen (current US$)
wdi_mult_debt_ver	Veränderung des nationalen Schuldenstandes bei multilateralen Geberorganisationen gegenüber Vorjahr (%)
WTO_GATT	Mitglied in der GATT/WTO
	0="kein Mitglied"
	1="Mitglied"
econin_reg	Mitglied in regionaler Handelsorganisation
	0="kein Mitglied"
	1="Mitglied"
ost_asi_dum	Regionsspezifischer Effekt Ostasien
	0="Nicht Zielregion"
	1="Zielregion"
sacar_dum	Regionsspezifischer Effekt Südamerika Karibik
	0="Nicht Zielregion"
	1="Zielregion"
subsa_dum	Regionsspezifischer Effekt Subsahara Afrika
	0="Nicht Zielregion"
	1="Zielregion"
euro_dum	Regionsspezifischer Effekt Europa und Zentralasien
	0="Nicht Zielregion"
	1="Zielregion"

mena_dum	Regionsspezifischer Effekt Mittlerer Osten und Nordafrika
	0="Nicht Zielregion"
	1="Zielregion"
sud_asi_dum	Regionsspezifischer Effekt Südasien
	0="Nicht Zielregion"
	1="Zielregion"
time1990	Zeitspezifischer Effekt 1990
	0="Nicht Zieljahr"
	1="Zieljahr"
time1991	Zeitspezifischer Effekt 1991
	0="Nicht Zieljahr"
	1="Zieljahr"
time1992	Zeitspezifischer Effekt 1992
	0="Nicht Zieljahr"
	1="Zieljahr"
time1993	Zeitspezifischer Effekt 1993
	0="Nicht Zieljahr"
	1="Zieljahr"
time1994	Zeitspezifischer Effekt 1994
	0="Nicht Zieljahr"
	1="Zieljahr"
time1995	Zeitspezifischer Effekt 1995
	0="Nicht Zieljahr"
	1="Zieljahr"
time1996	Zeitspezifischer Effekt 1996
	0="Nicht Zieljahr"
	1="Zieljahr"
time1997	Zeitspezifischer Effekt 1997
	0="Nicht Zieljahr"
	1="Zieljahr"
time1998	Zeitspezifischer Effekt 1998
	0="Nicht Zieljahr"
	1="Zieljahr"
time1999	Zeitspezifischer Effekt 1999
	0="Nicht Zieljahr"
	1="Zieljahr"
time2000	Zeitspezifischer Effekt 2000
	0="Nicht Zieljahr"
	1="Zieljahr"

time2001	Zeitspezifischer Effekt 2001
	0="Nicht Zieljahr"
	1="Zieljahr"
time2002	Zeitspezifischer Effekt 2002
	0="Nicht Zieljahr"
	1="Zieljahr"
time2003	Zeitspezifischer Effekt 2003
	0="Nicht Zieljahr"
	1="Zieljahr"
time2004	Zeitspezifischer Effekt 2004
	0="Nicht Zieljahr"
	1="Zieljahr"
time2005	Zeitspezifischer Effekt 2005
	0="Nicht Zieljahr"
	1="Zieljahr"

Literaturverzeichnis

Alivizatos, Nicos 1995: Judges as Veto Players, in: Döring, Herbert (Hrsg.): Parliaments and Majority Rule in Western Europe, Frankfurt am Main: Campus Verlag, S.566-591.

Bäck, Hanna/Dumont, Patrick 2007: Combining Large-n and Small-n Strategies: The Way Forward in Coalition Research, in: West European Politics 30 (3), S.467-501.

Becher, Michael 2010: Constraining Ministerial Power: The Impact of Veto Players on Labor Market Reforms in Industrial Democracies, 1973-2000, in: Comparative Political Studies 43 (1), S.33-60.

Beck, Thorsten/Clarke, George/Groff, Alverto/Keefer, Philip/Walsh, Patrick 2001: New Tools and New Tests in Comparative Political Economy: The Database of Political Institutions, in: World Bank Economic Review 15 (1), S.165–176.

Bergsten, C. Fred/ Cline, William R. 1983: Trade Policy in the 1980s: An Overview, in: Cline, William R. (Hrsg.): Trade Policy in the 1980s, Washington: Institute for International Economics, S.59-98.

Birchfield, Vicki/Crepaz, Markus M. L. 1998: The Impact of Constitutional Structures and Collective and Competitive Veto Points on Income Inequality in Industrialized Democracies, in: European Journal of Political Research 34 (6), S.175-200.

Blondel, Jean 2006: About Institutions, Mainly, but not Exclusively, Political, in: Rhodes, R.A.W./Binder, Sarah A./Rockman, Bert A. (Hrsg.): The Oxford Handbook of Political Institutions, Oxford/New York: Oxford University Press, S.716-730.

Blum, Sonja/Schubert, Klaus 2009: Politikfeldanalyse, Wiesbaden: Verlag für Sozialwissenschaften.

Bonoli, Giuliano 2001: Political Institutions, Veto Points, and the Process of Welfare State Adaption, in: Pierson, Paul (Hrsg.): The New Politics of the Welfare State, Oxford/New York: Oxford University Press, S.238-264.

Boockmann, Bernhard/Dreher, Axel 2003: The Contribution of the IMF and the World Bank to Economic Freedom, in: European Journal of Political Economy 19, S.633-649.

Castles, Francis G. 2000: Federalism, fiscal decentralization and economic performance, in: Wachendorfer-Schmidt, Ute (Hrsg.): Federalism and Political Performance, London/New York: Routledge, S.171-189.

Collier, Paul/Dollar, David 2002: Globalization, Growth, and Poverty. Building an Inclusive World Economy, Oxford/New York/Washington D.C.: Oxford University Press/World Bank.

Colomer, Joseph M. 2006: Comparative Constitutions, in: Rhodes, R.A.W./Binder, Sarah A./Rockman, Bert A. (Hrsg.): The Oxford Handbook of Political Institutions, Oxford/New York: Oxford University Press, S.217-238.

Devine, Fiona 1995: Qualitative Analysis, in: Marsh, David/Stoker, Gerry (Hrsg.): Theory and Methods in Political Science, Houndmills/Basingstoke/Hampshire/London: Macmillan Press, S.137-153.

Diaz Alejandro, Carlos F. 2000: Latin America in the 1930s, in: Thorp, Rosemary (Hrsg.): An Economic History of Twentieth-Century Latin America. Volume 2: Latin America in the 1930s: The Role of the Periphery in World Crisis, New York: Palgrave, S.15-42.

Dolowitz, David P./Marsh, David 2000: Learning from Abroad: The Role of Policy Transfer in Contemporary Policy Making, in: Governance 13 (1), S.5-24.

Dreher, Axel 2006: IMF and Economic Growth: The Effects of Programs, Loans, and Compliance with Conditionality, in: World Development 34 (5), S.769-788.

Frye, Timothy/Mansfield, Edward 2003: Fragmenting Protection: The Political Economy of Trade Policy in the Post-Communist World, in: British Journal of Political Science 33, S.633-657.

Ganghof, Steffen 2003: Promises and Pitfalls of Veto Player Analysis, in: Swiss Political Science Review 9, S.1-25.

Gerring, John 2004: What Is a Case Study and What is It Good for?, in: American Political Science Review 98 (2), S.341-353.

Gilpin, Robert 1987: The Political Economy of International Relations, Princeton: Princeton University Press.

Glastetter, Werner 1998: Außenwirtschaftspolitik. Problemorientierte Einführung, München/Wien: Oldenbourg Verlag.

Göhler, Gerhard 1987: Einleitung, in: Göhler, Gerhard (Hrsg.): Grundfragen der Theorie politischer Institutionen. Forschungsstand – Probleme - Perspektiven, Opladen: Westdeutscher Verlag, S.7-14.

Goodin, Robert E. 1996: Institutions and their design, in: Goodin, R.E. (Hrsg.): The Theory of Institutional Design, Cambridge/New York: Cambridge University Press, S.1-53.

Gschwend, Thomas/Schimmelpfennig, Frank 2007: Forschungsdesign in der Politikwissenschaft: Ein Dialog zwischen Theorie und Daten, in: Gschwend, Thomas/Schimmelpfennig, Frank (Hrsg.): Forschungsdesign in der Politikwissenschaft. Probleme–Strategien–Anwendungen, Frankfurt/New York: Campus Verlag, S.13-35.

Hackl, Peter 2005: Einführung in die Ökonometrie, München: Pearson Studium.

Hall, Peter A./Taylor, Rosemary C.R. 1996: Political Science and the Three New Institutionalisms, MPIfG Discussion Paper 96/6, Köln: Max-Planck-Institut für Gesellschaftsforschung.

Hallerberg, Mark/Basinger, Scott 1998: Internationalization and Changes in Tax Policy in OECD Countries: The Importance of Domestic Veto Players, in: Comparative Political Studies 31 (3), S.321-352.

Hallerberg, Mark 2010: Empirical Applications of Veto Player Analysis and Institutional Effectiveness, in: König, Thomas/Tsebelis, George/Debus, Marc (Hrsg.): Reform Processes and Policy Change: Veto Players and Decision-Making in Modern Democracies, New York: Springer, S.21-42.

Henisz, Witold J. 2000a: The Institutional Environment for Economic Growth, in: Economics and Politics 12 (1), S.1–31.

Henisz, Witold J. 2000b: The Institutional Environment for Multinational Investment, in: Journal of Law, Economics & Organization 16 (2), S.334-364.

Henisz, Witold J. 2002: The institutional environment for infrastructure investment, in: Industrial and Corporate Change 11 (2), S.355-389.

Henisz, Witold J./Mansfield, Edward D. 2006: Votes and Vetoes: The Political Determinants of Commercial Openness, in: International Studies Quarterly 50, S.189-211.

Hönnige, Christoph 2007: Die mittlere Sprosse der Leiter: Fallauswahl in Forschungsdesigns mit kleiner Fallzahl, in: Gschwend, Thomas/Schimmelpfennig, Frank (Hrsg.): Forschungsdesign in der Politikwissenschaft. Probleme-Strategien-Anwendungen, Frankfurt/New York: Campus Verlag, S.223-252.

Hönnige, Christoph 2011: Verfassungsgerichte: neutrale Verfassungshüter oder Vetospieler?, in: Grotz, Florian/Müller-Rommel, Ferdinand (Hrsg.): Regierungssysteme in Mittel- und Osteuropa. Die neuen EU-Staaten im Vergleich, Wiesbaden: Verlag für Sozialwissenschaften, S.262-280.

Immergut, Ellen M., 1992a: Institutions, Veto Points, and Policy Results. A Comparative Analysis of Health Care, in: Journal of Public Policy 10, S.391–416.

Immergut, Ellen M., 1992b: Health Politics. Interests and Institutions in Western Europe, Cambridge/New York: Cambridge University Press.

Immergut, Ellen M./Anderson, Karen M. 2007: Editor's introduction: the dynamics of pension politics, in: Immergut, Ellen M./Anderson, Karen M./Schulze, Isabelle (Hrsg.): The Handbook of West European Pension Politics, Oxford/New York: Oxford University Press, S.1-48.

Immergut, Ellen M. 2010: Political Institutions, in: Castles, Francis G./Leibfried, Stephan/Lewis, Jane/Obinger, Herbert/Pierson, Christopher: The Oxford Handbook of The Welfare State, Oxford/New York: Oxford University Press, S.227-240.

Jahn, Detlef 2006: Globalization as 'Galton's Problem': The Missing Link in the Analysis of Diffusion Patterns in Welfare State Development, in: International Organization 60 (2), S.401-431.

Jahn, Detlef 2010: The Veto Player Approach in Macro-Comparative Politics: Concepts and Measurement, in: König, Thomas/Tsebelis, George/Debus, Marc (Hrsg.): Reform Processes and Policy Change: Veto Players and Decision-Making in Modern Democracies, New York: Springer, S.43-69.

Keefer, Philip/Stasavage, David 2003: The Limits of Delegation: Veto Players, Central Bank Independence, and the Credibility of Monetary Policy, in: American Political Science Review 97 (3), S.407-423.

Kindleberger, Charles P. 1973: The World in Depression. 1929-1939, Berkeley: University of California Press.

Kittel, Bernhard/Winner, Hannes 2005: How Reliable is Pooled Analysis in Political Economy? The Globalization-welfare state Nexus Revisited, in: European Journal of Political Research 44 (2), S.269-293.

König, Thomas/Debus, Marc 2010: Veto Players, Reform Processes and Policy Change: Concluding Remarks, in: König, Thomas/Tsebelis, George/Debus, Marc (Hrsg.): Reform Processes and Policy Change: Veto Players and Decision-Making in Modern Democracies, New York: Springer, S.269-283.

Krapp, Michael/Nebel, Johannes 2011: Methoden der Statistik. Lehr- und Arbeitsbuch, Wiesbaden: Viewig + Teubner.

Kritzinger, Sylvia/Michalowitz, Irina 2009: Methodenkonflikt oder Methodenpluralismus? Policy-Forschung auf dem Prüfstand, in: Schubert, Klaus/Bandelow, Nils C. (Hrsg.): Lehrbuch der Politikfeldanalyse 2.0, München: Oldenbourg Verlag, S.245-270.

Kydland, Finn E./Prescott, Edward C. 1977: Rules Rather than Discretion: The Inconsistency of Optimal Plans, in: Journal of Political Economy 85, S.473-491.

Landman, Todd 2000: Issues and Methods in Comparative Politics: An introduction, London/New York: Routledge.

Linz, Juan J. 1994: Presidential or Parliamentary Democracy: Does It Make a Difference?, in: Linz, Juan J./Valenzuela, Arturo (Hrsg.): Failure of Presidential Democracy. Comparative Perspectives. Volume 1, Baltimore: John Hopkins University Press, S.3-90.

MacIntyre, Andrew 2001: Institutions and Investors: The Politics of the Economic Crisis in Southeast Asia, in: International Organization 55 (1), S.81-122.

Maier, Jürgen/Maier, Michaela/Rattinger, Hans 2000: Methoden der sozialwissenschaftlichen Datenanalyse. Arbeitsbuch mit Beispielen aus der politischen Soziologie, München/Wien: Oldenbourg Verlag.

Mansfield, Edward D./Milner, Helen V./Rosendorff, Peter B. 2000: Free to Trade: Democracies, Autocracies, and International Trade, in: American Political Science Review 94 (2), S.305-321.

Marshall, Monty G./Gurr, Ted Robert/Jaggers, Keith 2010: Polity IV Project. Political Regime Characteristics and Transitions, 1800-2009, Polity IV dataset version 2009, Vienna (USA): Center for Systemic Peace.

Martin, Christian W. 2004: Demokratie, Autokratie und die regulative Gestaltung der Außenwirtschaftsbeziehungen in Entwicklungsländern, Politische Vierteljahresschrift 45 (1), S.32-54.

Martin, Christian W. 2005: Die doppelte Transformation: Demokratie und Außenwirtschaftsliberalisierung in Entwicklungsländern, Wiesbaden: Verlag für Sozialwissenschaften.

Martin, Christian W./Schneider, Gerald 2007: Pfadabhängigkeit, Konvergenz oder regulativer Wettbewerb: Determinanten der Außenwirtschaftsliberalisierung, 1978-2002, in: Halzinger, Katharina/Jörgens, Helge/Knill, Christoph (Hrsg.): Transfer, Diffusion und Konvergenz von Politiken, Wiesbaden: Verlag für Sozialwissenschaften, S.449-469.

Miller, W.L. 1995: Quantitative Methods, in: Marsh, David/Stoker, Gerry (Hrsg.): Theory and Methods in Political Science, Houndmills/Basingstoke/Hampshire/London: Macmillan Press, S.154-172.

Milner, Helen V. 1999: The Political Economy of International Trade, in: Annual Political Science Review 2, S.91-114.

Muno, Wolfgang 2005: Reformpolitik in jungen Demokratien. Vetospieler, Politikblockaden und Reformen in Argentinien, Uruguay und Thailand, Wiesbaden: Verlag für Sozialwissenschaften.

Oatley, Thomas 2010: Political Institutions and Foreign Debt in the Developing World, in: International Studies Quarterly 54, S.175–195.

Obinger, Herbert 2009: Vergleichende Policyanalyse. Eine Einführung in makroquantitative und makro-qualitative Methoden, in: Schubert, Klaus/Bandelow, Nils C. (Hrsg.): Lehrbuch der Politikfeldanalyse 2.0, München: Oldenbourg Verlag, S.221-244.

Piazolo, Marc 1994: Bestimmungsfaktoren des wirtschaftlichen Wachstums von Entwicklungsländern mit besonderer Berücksichtigung der Außenhandelsstrategie. Fallbeispiele: Korea und Südafrika, Berlin: Duncker & Humblot.

Plümper, Thomas/Tröger, Vera E./Manow, Philip 2005: Panel Data Analysis in Comparative Politics: Linking Method to Theory, in: European Journal of Political Research 44 (2), S.324-257.

Przeworski, Adam/Alvarez, Michael E./Cheibub, Jose Antonio/Limongi, Fernando 2000: Democracy and Development. Political Institutions and Well-Being in the World, 1950-1990, Cambridge/New York: Cambridge University Press.

Ragin, Charles C. 1987: The Comparative Method. Moving Beyond Qualitative and Quantitative Strategies, Berkeley/London/Los Angeles: University of California Press.

Remmer, Karen L. 1989: Military Rule in Latin America, Boston: Unwin Hyman.

Rhodes, R.A.W. 2006: Old Institutionalisms, in: Rhodes, R.A.W./Binder, Sarah A./Rockman, Bert A. (Hrsg.): The Oxford Handbook of Political Institutions, Oxford/New York: Oxford University Press, S.90-108.

Rudzio, Wolfgang 2006: Das politische System der Bundesrepublik Deutschland, Wiesbaden: Verlag für Sozialwissenschaften

Sabatier, Paul A. 1993: Advocacy-Koalitionen, Policy-Wandel und Policy-Lernen: Eine Alternative zur Phasenheuristik, in: Héritier, Adrienne (Hrsg.): Policy-Analyse, Kritik und Neuorientierung, Opladen: Westdeutscher Verlag, S.116-148.

Sabatier, Paul A./Jenkins-Smith, Hank C. 1993: Policy Change and Learning. An Advocacy Coalition Approach, Boulder/San Francisco/Oxford: Westview Press.

Sanders, Elizabeth 2006: Historical Institutionalism, in: Rhodes, R.A.W./Binder, Sarah A./Rockman, Bert A. (Hrsg.): The Oxford Handbook of Political Institutions, Oxford/New York: Oxford University Press, S.39-55.

Sartori, Giovanni 1976: Parties and party systems. A framework for analysis, Cambridge/New York: Cambridge University Press.

Schlieben, Michael 2007: Politische Führung in der Opposition, Die CDU nach dem Machtverlust 1998, Wiesbaden: Verlag für Sozialwissenschaften.

Schmidt, Manfred G./Ostheim, Tobias/Siegel, Nico A./Zohlnhöfer, Reimut 2007 (Hrsg.): Der Wohlfahrtsstaat. Eine Einführung in den historischen und internationalen Vergleich, Wiesbaden: Verlag für Sozialwissenschaften.

Schultz, David Andrew 2009: Encyclopedia of the United States Constitution, New York: Facts on File Inc..

Schulze, Gerhard 2006: Einführung in die Methoden der empirischen Sozialforschung, in: Schulze, Gerhard/Akremi, Leila (Hrsg.): Bamberger Beiträge zur empirischen Sozialforschung, Nr.1.

Shepsle, Kenneth A. 2006: Rational Choice Institutionalism, in: Rhodes, R.A.W./Binder, Sarah A./Rockman, Bert A. (Hrsg.): The Oxford Handbook of Political Institutions, Oxford/New York: Oxford University Press, S.23-38.

Shugart, Matthew S./Haggard, Stephan 2001: Institutions and public policy in presidential systems, in: Haggard, Stephan/McCubbins, Mathew D. (Hrsg.): Presidents, Parliaments, and Policy, Cambridge/New York: Cambridge University Press, S.64-104.

Simons-Kaufmann, Claudia 2003: Transformationsprozess von Entwicklungsländern. Das Beispiel Mosambik, Wiesbaden: Deutscher Universitäts-Verlag.

Stephan, Alfred/Skach, Cindy 1994: Presidentialism and Parlamentarism in Comparative Perspective, in: Linz, Juan J./Valenzuela, Arturo (Hrsg.): Failure of Presidential Democracy. Comparative Perspectives. Volume 1, Baltimore: John Hopkins University Press, S.119-137.

Stoiber, Michael 2007: Gewaltenteilung und Vetospieler, in: Kropp, Sabine/Lauth, Hans-Joachim (Hrsg.): Gewaltenteilung und Demokratie. Konzepte und Probleme der „horizontal accountability" im interregionalen Vergleich, Baden-Baden: Nomos Verlag, S.121-140.

Strohmeier, Gerd A. 2003: Zwischen Gewaltenteilung und Reformstau: Wie viele Vetospieler braucht das Land?, in: Aus Politik und Zeitgeschichte B 51, S.17-22.

Strøm, Kaare 2000: Delegation and Accountability in Parliamentary Democracies, in: European Journal of Political Research 37, S.261-289.

Tsebelis, George 1995: Decision Making in Political Systems: Veto Players in Presidentialism, Parliamentarism, Multicameralism and Multipartyism, in: British Journal of Political Science 25, S.289-325.

Tsebelis, George, 1999: Veto Players and Law Production in Parliamentary Democracies: An Empirical Analysis, in: American Political Science Review 93, S.591-608.

Tsebelis, George, 2000: Veto Players and Institutional Analysis, in: Governance 13, S.441-474.

Tsebelis, George 2002: Veto Players: How Political Institutions Work, New York/Princeton: Russell Sage Foundation/Princeton University Press.

Tsebelis, George/Chang, Eric C.C. 2004: Veto players and the structure of budgets in advanced industrialized countries, in: European Journal of Political Research 43, S.449-476.

Tsebelis, George 2010: Veto Player Theory and Policy Change: An Introduction, in: König, Thomas/Tsebelis, George/Debus, Marc (Hrsg.): Reform Processes and Policy Change: Veto Players and Decision-Making in Modern Democracies, New York: Springer, S.3-18.

Urban, Dieter/Mayerl, Jochen 2008: Regressionsanalyse: Theorie, Technik und Anwendung, Wiesbaden: Verlag für Sozialwissenschaften.

Wagschal, Uwe 2005: Steuerpolitik und Steuerreformen im internationalen Vergleich: Eine Analyse der Ursachen und Blockaden, Münster: LIT Verlag.

Wagschal, Uwe 2006: Verfassungsgerichte als Vetospieler in der Steuerpolitik, in: Becker, Michael/Zimmerling, Ruth (Hrsg.): Politik und Recht. PVS-Sonderheft, Wiesbaden: Verlag für Sozialwissenschaften, S.559-582.

Wagschal, Uwe 2009: Kompetitive und Konsensuale Vetospieler in der Steuerpolitik, in: Ganghof, Steffen/Hönnige, Christoph/Stecker, Christian (Hrsg.): Parlamente, Agendasetzung und Vetospieler, Wiesbaden: Verlag für Sozialwissenschaften, S.117-135.

Weaver, R. Kent/Brockman, Bert A. 1993: Assesing the Effects of Institutions, in: Weaver, R. Kent/Brockman, Bert A. (Hrsg.): Do Institutions Matter? Government Capabilities in the United States and Abroad, Washington D.C.: The Brookings Institution, S.1-41.

Weymouth, Stephen 2011: Political Institutions and Property Rights: Veto Players and Foreign Exchange Commitments in 127 Countries, in: Comparative Political Studies 44 (2), S.211-240.

Wiberg, Matti 2009: Veto Players in Legislative Games: Fake and Real, in: Ganghof, Steffen/Hönnige, Christoph/Stecker, Christian (Hrsg.): Parlamente, Agendasetzung und Vetospieler. Festschrift für Herbert Döring, Wiesbaden: Verlag für Sozialwissenschaften, S.41-52.

Zohlnhöfer, Reimut 2001: Die Wirtschaftspolitik der Ära Kohl. Eine Analyse der Schlüsselentscheidungen in den Politikfeldern Finanzen, Arbeit und Entstaatlichung, 1982-1998, Opladen: Leske + Budrich.

Zohlnhöfer, Reimut 2003a: Der Einfluss von Parteien und Institutionen auf die Wirtschafts- und Sozialpolitik, in: Obinger, Herbert/Wagschal, Uwe/Kittel, Bernhard (Hrsg.): Politische Ökonomie. Demokratie und wirtschaftliche Leistungsfähigkeit, Wiesbaden: Verlag für Sozialwissenschaften, S.47-80.

Zohlnhöfer, Reimut 2003b: Rezension von George Tsebelis, 2002: Veto Players. How Political Institutions Work. New York/Princeton: Russell Sage Foundation/Princeton University Press, in: Politische Vierteljahresschrift 44, S.255-258.

Zohlnhöfer, Reimut 2005: Globalisierung der Wirtschaft und nationalstaatliche Anpassungsreaktionen. Theoretische Überlegungen, in: Zeitschrift für Internationale Beziehungen (12), S.41-75.

Zohlnhöfer, Reimut 2008: Stand und Perspektiven der vergleichenden Staatstätigkeitsforschung, in: Janning, Frank/Toens, Katrin (Hrsg.): Die Zukunft der Policy-Forschung. Theorien, Methoden, Anwendungen, Wiesbaden: Verlag für Sozialwissenschaften, S.157-174.

Zohlnhöfer, Reimut 2009: Globalisierung der Wirtschaft und finanzpolitische Anpassungsreaktionen in Westeuropa, Baden-Baden: Nomos-Verlag.